02/01   22.54

Raynald

D1150531

Souvenirs du voyage
à Montréal Fin Février 200
avec François

Les Éditions du Boréal
4447, rue Saint-Denis
Montréal (Québec) H2J 2L2
www.editionsboreal.qc.ca

DU PIPI, DU GASPILLAGE
ET SEPT AUTRES
LIEUX COMMUNS

BERNARD ARCAND ET SERGE BOUCHARD

Quinze lieux communs, Boréal, 1993.

De nouveaux lieux communs, Boréal, 1994.

Du pâté chinois, du baseball et autres lieux communs, Boréal, 1995.

De la fin du mâle, de l'emballage et autres lieux communs, Boréal, 1996.

Des pompiers, de l'accent français et autres lieux communs, Boréal, 1998.

BERNARD ARCAND

L'Image de l'Amérindien dans les manuels scolaires du Québec, Hurtubise HMH, 1979 (en collaboration avec Sylvie Vincent).

Le Jaguar et le Tamanoir : vers le degré zéro de la pornographie, Boréal, 1991.

Abolissons l'hiver !, Boréal, 1999.

SERGE BOUCHARD

Le Moineau domestique : histoire de vivre, Boréal, 2000.

L'homme descend de l'ourse, Boréal, 1998.

Bernard Arcand   Serge Bouchard

DU PIPI, DU GASPILLAGE ET SEPT AUTRES LIEUX COMMUNS

Boréal

COLLECTION PAPIERS COLLÉS

Les Éditions du Boréal remercient le Conseil des Arts du Canada ainsi que
le ministère du Patrimoine canadien et la SODEC pour leur soutien financier.

Les Éditions du Boréal bénéficient également du Programme de crédit d'impôt
pour l'édition de livres du Gouvernement du Québec.

Diffusion au Canada : Dimedia
Diffusion et distribution en Europe : Les Éditions du Seuil

Données de catalogage avant publication (Canada)
Arcand, Bernard

    Du pipi, du gaspillage et sept autres lieux communs

    (Collection Papiers collés)

    ISBN 2-7646-0089-5

    1. Québec (Province) – Mœurs et coutumes. 2. Québec (Province) – Civilisation – 20ᵉ siècle.
3. Civilisation occidentale – 20ᵉ siècle. I. Bouchard, Serge, 1947- . II. Titre. III. Collection.

FC2918.A726   2001   306'.09714   C2001-940052-7
F1052.A726   2001

AVANT-PROPOS

Les lieux communs ne sont plus ce qu'ils étaient ! L'émission radiophonique, autrefois diffusée sur la chaîne culturelle de la Société Radio-Canada et dont François Ismert assurait la réalisation, fut interrompue en 1998 dans le but de permettre au gouvernement du Canada d'atteindre son objectif d'un déficit nul.

Déçus mais soucieux de maintenir un contact toujours plus étroit avec leurs principaux complices, les auteurs des *Lieux communs* ont alors accepté quelques gracieuses invitations à prononcer des conférences qui garderaient la forme, le style et le ton de leur émission. C'est ainsi que se retrouvent dans ce volume quelques textes qui ont d'abord été lus devant public : « Les bibliothécaires », lors du congrès annuel de la Corporation des bibliothécaires professionnels du Québec ; « La pelouse », à l'occasion de l'exposition *Surface du quotidien : la pelouse en Amérique* au Centre Canadien d'Architecture ; « Le poisson », lors du Salon du livre de Québec ; « L'enseignement », lors d'un colloque pédagogique de la Fédération des enseignants de la région de Québec ; et « La divination », lors d'une causerie organisée au Palais Montcalm par la librairie Pantoute avec le soutien du Conseil des arts du Canada.

En quittant le milieu isolé et tamisé du studio pour le plaisir de partager quelques instants agréables avec de vraies personnes, nous avons découvert que l'écoute était bonne, que la plupart riaient jaune aux bons moments et, surtout, que personne ne se laissait prendre aux pièges tortueux de l'exagération, de l'outrage et de la farce.

Les augures étaient bons et les lieux, communs.

Montréal et Saint-Augustin
novembre 2000.

I

LE PIPI

BERNARD ARCAND

Pratiquement plus personne ne peut parler poliment de pipi en public. C'est vilain. Le sujet est embarrassant, déplaisant, trop commun, inconvenant, désagréable, vulgaire, sinon franchement offensant. Entendons-nous bien : parler de pipi ici risque de paraître tout à fait déplacé. C'est-à-dire hors d'ordre, la bienséance demeurant d'abord une marque de respect du bon ordre qui assigne une place à toute chose et nous apprend qu'elle doit y rester. Or quelle est la place légitime attribuée par notre société au pipi ?

Tous savent que le pipi appartient à cette grande catégorie des petits détails de la vie dont il vaut mieux ne pas parler trop ouvertement. Il a donc droit à une bonne place dans le petit monde de la grande discrétion silencieuse. C'est pourquoi, par exemple, nos héros ne font jamais pipi. De toute évidence, le Surhomme, Jeanne d'Arc ou Robin des bois n'ont jamais visité une toilette de leur vie ; personne n'a suggéré que la forêt de Sherwood dégageait une forte odeur d'urine ou que Jeanne fit un effort désespéré pour éteindre le bûcher. Même nos héros quadrupèdes, Lassie, Rin-tin-tin ou Roquet Belles-Oreilles, ne levaient jamais la patte au coin de la rue. La même pudeur profite aux vilains : Méphisto, le docteur Fu Manchu et Mata Hari n'ont apparemment jamais eu envie. Même la parlure populaire, lorsqu'elle se fait violente et vulgaire, évite le sujet et on ne dit jamais qu'un travail « nous fait pisser », comme on n'insulte pas quelqu'un en lui disant : « Va donc pisser ! » Et quand cette même parlure populaire décrit quelque chose de « pissant » ou « à pisser », on sait tout de suite que c'est une farce. Dans d'autres univers, l'urine appartient aux médecines les plus marginales et aux perversions sexuelles minoritaires.

Les structuralistes ont depuis longtemps expliqué que tous ces sujets tabous le sont devenus parce qu'ils entraient en contradiction avec l'une de nos prétentions les plus fondamentales sur nous-mêmes et notre noble condition humaine. Pour affirmer que nous ne sommes pas des animaux, que nous vivons dans une nature qui nous « entoure » et dont nous sommes distincts et séparés, il faut oublier que notre corps répand quotidiennement dans cette nature extérieure quelques débris et détritus. Il faut cacher le fait que des parties de nous-mêmes, cheveux, rognures d'ongles ou excréments, servent à engraisser la nature et s'y décomposent entièrement. Tout cela paraît impur. Il y a risque de souillure. Cela contredit notre conviction que l'être humain reste au-dessus de la nature. C'est pour la même raison que l'on ne se met jamais de vrais animaux en bouche et que l'on mange couramment du « jambon » ou du « porc » plutôt que du cochon.

Devenir un sujet tabou, c'est également acquérir une puissance surnaturelle et devenir, du coup, un ingrédient privilégié des philtres et autres concoctions où se retrouvent, typiquement, quelques rognures d'ongles, un ou deux brins de cheveux, trois gouttes de sang menstruel, un peu d'urine, etc. Voilà justement ce qui fait la force prodigieuse de la potion magique.

Mais soyons plus modestes que les structuralistes. Il est tout aussi possible de penser que le pipi est devenu tabou parce qu'en plus de nous inquiéter, il nous donne une magistrale leçon de modestie. Mieux vaut le taire et le bouder. Car nous connaissons tous le risque encouru par l'être humain qui s'engage dans une œuvre importante, un travail considérable et peut-être même mémorable et qui, à tout instant, peut être rappelé à l'ordre par une irrésistible envie de pipi. Imaginez que vous êtes le pape, en train de célébrer l'office du Jeudi saint dans la basilique Saint-Pierre et qu'au moment du lavement des pieds, vous êtes soudain assailli par l'envie. Imaginez-vous chirurgienne, sur le point de terminer un quadruple pontage compliqué lorsque, soudain, vient l'urgence de vous absenter. Pensez au chevalier sans peur et sans reproche qui participe à un tournoi et qui doit se battre en duel alors qu'il lutte déjà contre l'envie. Ou au fait d'être dans le même état sur la ligne de départ au volant d'une formule 1 ou sur le point de recevoir le Nobel. Une telle envie peut facilement coûter une médaille d'or ou faire échapper le goupillon. Imaginez encore le conférencier, la lectrice de nouvelles ou le danseur de ballet qui ne peut plus se retenir. Citons l'exemple de Richard Burton, acteur shakespearien et grand amateur de la bouteille : il raconte qu'un jour, après avoir bien bu en après-midi et avoir ensuite enfilé sa lourde armure pour interpréter Henri IV en soirée, il n'arriva plus à se contenir et laissa sur scène une trace humide jusqu'à l'entracte.

Tout simplement, le pipi nous semble insupportable parce qu'il nous rappelle à notre condition élémentaire et nous incite à la modestie. Car le pipi est plus fort que nous et l'envie du plus fort est toujours le vainqueur. Dans nos meilleurs moments, lorsque nous avançons vers de nouveaux sommets et que le succès et la gloire sont à portée de la main, l'envie de pipi nous rappelle brusquement une réalité de base : malgré nos prétentions, nous demeurons, dans le fond, des organismes maintenus en vie par le bon fonctionnement d'un système digestif. C'est la distinction fondamentale entre le primaire et le secondaire, la distance entre l'urologie et la théologie.

Il fallait donc choisir entre l'humilité constante et le tabou. Or, comme leçon d'humilité, nous avions déjà le traditionnel mercredi des Cendres, qui nous rappelait notre destin aussi modeste que la poussière. Moins dévote, la vie moderne a inventé l'entartage, qui s'acharne à ridiculiser les prétentieux et les fatigants. Ces rappels sont utiles mais ils ont le mérite de demeurer occasionnels et périodiques. En temps ordinaire, on peut les oublier. Car personne, mis à part quelques moines résignés, ne tolérerait recevoir quotidiennement une leçon d'humilité. Entre la modestie et le tabou, quand il s'agit de gérer le quotidien, il est donc moins déprimant d'opter pour le tabou. Voilà pourquoi il n'est pas poli de parler de pipi en public.

SERGE BOUCHARD

La culture consiste principalement à se retenir, à retenir ses envies. Voilà pourquoi le pipi devient un champ privilégié d'enculturation des jeunes humains. Par le pipi qu'il ne faut pas faire n'importe où, nous apprenons l'importance de toutes les autres règles. Faire pipi au lit est humiliant, faire pipi dans sa culotte l'est encore plus. La source de cette humiliation se trouve dans l'ostracisme : qui fait pipi dans sa culotte aura l'impression de se sortir du monde. L'incontinence sera perçue comme un bris de contrat. Tout le monde se retient, la société ne se laisse pas aller comme ça, n'importe où.

Cela s'appelle « apprendre à être propre ». Nous devrions dire « propre » à la convention culturelle. Notons que, sous ce rapport, nous enculturons aussi les chiens. Il faut que le chien comprenne les interdits. Un chien fidèle se laisserait mourir plutôt que de pisser sur le tapis.

Il est des pipis qui se font, il en est d'autres qui ne se font pas. Pas sur le tapis, pas dans sa culotte, pas dans son lit, encore moins sur une tombe ou sur le pied de son ennemi. La frontière qui sépare le pipi que l'on fait du pipi que l'on retient définit les premiers coups de canon de la culture. Neandertal enterrait déjà ses morts et la chose l'honore au panthéon de notre ancienne humanité. Mais qui instaura la pudeur en premier ? Tu enterreras tes morts, tu ne tueras pas ta mère, tu ne désireras pas ta fille, tu sacrifieras aux esprits, tu feras ceci plutôt que cela et surtout, tu ne pisseras pas à l'aveuglette. Dans le pipi se trouve une partie importante des Tables de la Loi.

* * *

Il faut être petit pour faire des petits pipis. C'est le cas des bébés, c'est l'affaire des enfants dont les petits pipis feront toujours l'objet de nos conversations. Le pipi, quand il est petit, perd de son odeur et de sa gravité. Il le faut bien puisque de ces pipis, nous devons nous occuper. Il importe de s'assurer que le petit bout de chou urine régulièrement, dans sa couche, pas à côté. Il nous incombe, en un mot, de dédramatiser et de purifier ce qui, autrement, pourrait vite s'avérer insupportable.

Mais l'affaire ne s'arrête pas aux authentiques petits de notre espèce. Nous voyons plus large. Les gens que nous percevons comme diminués, les malades et les vieux, se verront souvent rapetissés par le biais de la même stratégie. Tout est petit au monde de l'intervention. Pisser est une affaire très personnelle, mais les frontières du privé s'estompent quand on ne peut plus les assurer. La prise en charge donne des droits. La petite dame fera un petit pipi avant de faire son petit dodo. Qu'a le grand âge de grand si on se fait dire des petites choses à tout bout de champ ? À quoi sert de pisser toute une vie si c'est pour se faire parler de ses petits pipis ? Sachez, jeune infirmier, que si vous aviez rempli les citernes que j'ai remplies, le mot petit ne vous viendrait pas à l'esprit ! Je crois même que, si vous aviez arrosé tous les poteaux de ma longue route, vous seriez crevé depuis longtemps, rapport à votre vessie.

BERNARD ARCAND

Le pipi est plus fort que nous. D'ailleurs, en écoutant une bonne blague, nous disons qu'elle nous fait pisser dans notre culotte. C'est avouer que l'on a perdu le contrôle de soi, de ses émotions et de son corps. Quand nous rions démesurément, le souffle se fait court, les épaules sautent et les larmes nous viennent aux yeux. Comme si une force supérieure nous envahissait et que, à la limite, il y avait relâchement même au niveau de la vessie. C'est comparable à la réaction provoquée par la peur terrifiante, l'excitation absolue ou l'orgasme au féminin. Tous ces instants exceptionnels de l'existence nous poussent à l'extrême et réussissent à vaincre nos dernières résistances et à provoquer le pipi. Nous perdons le contrôle, le rire est inévitable. Dire qu'une chose est « pissante », c'est avouer sa faiblesse. Voilà donc encore une bonne raison de s'en méfier et de ne pas trop en parler. Mais c'est plus fort que nous.

SERGE BOUCHARD

Qui n'a pas pissé en se baignant dans l'océan ? Dans une rivière ou dans un lac ? Qui n'a pas eu l'envie de faire pipi dans la piscine ? Ni vu ni connu, jouissance discrète et délinquante. L'océan ne pose évidemment aucun problème. Il faudrait pisser longtemps pour arriver à l'altérer. Les rivières sont insensibles et habituées. Le fleuve jaune n'est pas vraiment jaune. Mais les piscines soulèvent une question drôlement plus délicate. Car s'il vous vient naturellement à l'esprit de faire pipi dans la piscine, il est normal de penser que chacun se sente de même. Il y a donc techniquement un risque de nager soudainement en eau plus que trouble si, dans une piscine remplie de monde, chacun se laisse normalement aller, se croyant seul à transgresser la règle. Cela s'appelle une piscine chauffée.

BERNARD ARCAND

Vaut toujours mieux faire pipi avant de partir. Le voyage risque d'être long et il est préférable de s'assurer que l'on sera capable de durer longtemps dans un environnement qui n'est pas nécessairement tolérant. Car, vous le savez, il n'est plus permis de faire pipi sur la voie publique. Ce qui était pratique courante il n'y a pas si longtemps, autant dans les rues de la ville sale que dans les corridors de Versailles, n'est plus toléré désormais. Le citoyen moderne doit utiliser les rares toilettes publiques ou trouver refuge auprès d'un restaurateur généreux. On ne pisse plus à tous les vents. À l'occasion, on peut encore apercevoir quelques délinquants dont l'automobile stationnée le long de l'autoroute dissimule mal le fait qu'un membre de la famille est accroupi dans le fossé. Moins ridicules et généralement mieux acceptés restent les golfeurs, skieurs, mycologues amateurs et autres amants de la nature qui s'éloignent quelques instants des sentiers battus. Partout ailleurs, le citoyen moderne assume les contraintes de la bienséance.

Les moralistes ont toujours prétendu qu'il fallait maîtriser les pulsions de notre corps. Attention, aujourd'hui ces pulsions pourraient vous mener en prison, car tout indique que l'intolérance est en progression constante. Voyez le cas de la ville de Québec qui a récemment revu et corrigé ses règlements, de sorte que faire pipi sur la voie publique, acte auparavant sanctionné par une amende de dix dollars, en coûtera désormais cent. Une augmentation de mille pour cent ! Plus grave encore, ce règlement municipal sur le pipi a été révisé en même temps, et donc rangé dans la même classe, que d'autres lois traitant de crimes tout aussi odieux : comme celui d'exposer en public une plaie hideuse (75 $), de lancer des œufs sur un mur (75 $), d'insulter une voisine sur son balcon (200 $), de se promener avec une machette (200 $) ou de faire éclater un pétard à mèche (200 $). Bref, faire pipi sans discrétion constitue désormais un crime punissable

d'une forte amende, une délinquance notoire, un geste franchement anarchique que l'État interprète comme une agression.
D'autres diraient que cela illustre bien l'État fanfaron. De la
même manière que l'on peut lire dans certains véhicules de
transport en commun un écriteau interdisant le crachat, qui
date des luttes antiques contre la tuberculose, le gouvernement
prend soin d'interdire solennellement ce qui n'est plus pertinent. Les mœurs ont évolué, la plomberie est meilleure et
l'urine se fait rare sur les voies publiques. C'est le moment que
choisit le pouvoir pour s'affirmer : le règlement de moins en
moins nécessaire devient plus sévère. On imagine que, demain,
un législateur mégalomane rédigera une loi spéciale exigeant de
tout restaurateur qu'il fournisse à ses clients couteaux et four-
chettes, sans parler des automobiles qui devront obligatoirement être munies de roues ni des animaux domestiques qui ne
pourront être vendus que vivants.

SERGE BOUCHARD

J'ai mes souvenirs de Paris. Je prenais le métro tous les
matins à six heures pour me rendre au travail. Je voyageais avant
la foule, j'évitais la ruée. Durant la nuit, comme chaque nuit
depuis qu'existe le métro de Paris, des équipes lavaient les plan-
chers, des couloirs jusqu'aux escaliers. Elles le font toutes les
nuits puisqu'il faut bien entretenir les décors de nos jours. Mais
combien difficile est le combat de l'être contre le poids de l'histoire. Car il se trouve que cette propreté matinale, au lieu d'atteindre son but, ne faisait qu'accentuer une odeur d'urine dont
on ne peut que supposer qu'elle imprégnait à ce point les murs
qu'elle était pour ainsi dire devenue indécrottable. Que voulez-
vous, voilà le poids du nombre et la sueur de l'histoire. À force
d'être, on finit par dégager des odeurs. Le nombre des personnes, le nombre des années, cela se sent. À la fin, le détergent
ne gagne plus, il ne fait que brasser des souvenirs.

Tous les matins, je ressentais le choc de ces effluves. Mais je pensais moins à l'urine qu'au simple fait de me voir arpenter des lieux souterrains qu'ont fréquentés des générations de Parisiens. Et je comprenais le sens de l'urbanité en m'initiant à la notion de concentré.

*   *   *

Où est passée la dame pipi ? À Paris, elle gardait les toilettes propres, elle les gardait tout court et se faisait payer pour son service de garde. Au musée des métiers disparus, elle trône désormais, avec les garçons d'ascenseur. Elle humanisait par sa seule présence le côté un peu rude de nos lieux d'aisances. Mais justement, c'était, comme on dit, un trop sale boulot et il n'est pas certain que quelqu'un devait le faire. D'où venaient ces vieilles dames, qu'avait été leur vie, comment devenait-on une dame pipi ? Ces questions ont certainement des réponses. Que l'on m'écrive si on le sait. Que l'on me dise où je pourrais trouver une bonne ethnographie des dames pipi de Paris.

BERNARD ARCAND

On ne compte plus les analystes et les commentatrices qui ont ajouté un grain de sel plus ou moins original à l'interminable débat de société sur la nature exacte des rapports entre hommes et femmes. La plupart fondent leur plaidoirie sur les différences anatomiques, prétendant que la distinction fondamentale relève des organes et du rôle de chaque sexe dans le processus de reproduction de l'espèce. Sur cette base, nous avons construit des mondes et rédigé d'innombrables traités et pamphlets concernant tous les aspects des rapports sexués entre mâles et femelles. Cela nous a appris, en particulier, que chaque sexe conserve ses mystères, ses préférences, ses façons de faire et ses besoins particuliers. Tout cela est vrai et toutes ces discussions resteront longtemps profitables et nécessaires. Mais il ne faudrait pas négliger pour autant une dimension peut-être plus flagrante encore de la distinction entre les genres masculin et féminin. Je veux parler de leur rapport au pipi. Voilà une pratique par laquelle chaque sexe se révèle. C'est là que l'on peut apprécier l'écart qui nous sépare ou, si l'on espère une conciliation, le chemin qu'il nous reste à parcourir.

D'abord, inutile d'insister sur la différence incontestable entre les longues files d'attente à la porte des toilettes pour dames et, juste à côté, les toilettes pour messieurs, simples, efficaces, rapides et malodorantes. On saisit tout de suite que deux mondes s'affrontent sur la base d'un contraste façonné au fil des siècles, à travers l'évolution sociale lente d'une différenciation sexuelle qui impose à chacun son costume, sa modestie et son code d'hygiène.

Toilettes publiques ou toilettes privées, elles disent bien à qui elles s'adressent et qui est le maître de la maison. En voici deux exemples. Je connais une amie qui a recouvert le plancher de sa salle de bains d'un tapis moelleux. Elle en a fait un endroit douillet, bien décoré et fort agréable. Mais en même temps, c'est une pièce qui annonce clairement que la propriétaire est une femme capable de vivre sans compagnon ou, du moins, de demeurer maîtresse de sa maison. Seule une fille seule peut poser du tapis autour de la cuvette des toilettes. Dans pareille salle de bains, le mâle se sent sous surveillance. Il n'y manque qu'une mise en garde inscrite en lettres moulées qui le préviendrait dans les termes suivants : « Ici ne sont admis que Guillaume Tell, Robin des bois, Thierry la Fronde et Lucky Luke. Ceux qui savent viser. »

Par contraste, un autre ami, vieux garçon, a cloué au mur de sa salle de bains l'écriteau suivant : « Avis très important ! Il a été remarqué récemment une tendance de certains à uriner à côté de la cuvette. Dans l'intérêt général, nous demandons de respecter ces lieux. Si vous êtes orgueilleux, avancez d'un pas : elle est plus courte que vous ne le pensez. Si vous êtes distrait, déboutonnez votre braguette au lieu de votre gilet, pour éviter de pisser dans votre pantalon. Si vous êtes trop petit, prenez un tabouret, au lieu de pisser partout en sautillant. Enfin, si vous pissez de côté, mettez-vous donc de travers. » Dans cette salle de bains, il n'y a pas de tapis.

Les pessimistes diraient que chaque sexe a patiemment construit son univers et que les deux ne doivent jamais se rejoindre. D'un côté, il y a des femmes qui aimeraient inventer l'entonnoir pratique qui leur permettrait de pisser debout et aussi noblement que n'importe quel homme. Chez les Piégans, Indiens des Plaines, les femmes que l'on nommait « femmes à cœur d'homme », reconnues dominatrices et maîtresses de leur destinée, marquaient leur force et leur autorité en pissant debout, comme des hommes. De l'autre, il y a ce graffiteur anonyme qui a écrit un jour : « L'alcool rend l'homme semblable à la femme et l'oblige à s'asseoir pour faire pipi. » Que ce genre de plaisanterie n'augure rien de bon ou qu'il marque simplement la taille de l'obstacle à surmonter, une première conclusion s'impose : nous en sommes encore à l'époque où pisser debout vous élève au niveau des hommes, mais où pisser assis vous abaisse à celui des femmes. La différence est flagrante et la hiérarchie est respectée.

SERGE BOUCHARD

Depuis l'invention des salles de bains et des toilettes, c'est-à-dire depuis des siècles, on a pu constater combien l'homme est un être malpropre. Il n'est pas fait pour uriner à l'intérieur.

Demandez-le à ceux et à celles, surtout à celles, qui ont nettoyé des toilettes leur vie durant. L'homme, dans le sens mâle du terme, éprouve des problème d'alignement et d'éclaboussures. Il s'obstine à viser ce qu'apparemment il ne peut attraper. Paresse du geste, manque de concentration, quelle que soit la source du problème, il reste que ce sont les hommes qui salissent les alentours de la cuvette. Bien sûr, le sujet reste tabou comme est tabou tout ce qui regarde les besoins privés du corps. Cependant, cette question est pleine de conséquences pour l'ensemble d'une maisonnée. Ce pipi-là, il faut le nettoyer. Or, dans l'expérience de ma vie domestique, j'observe ceci : quand un homme nettoie régulièrement ses dégâts, il n'est pas plus fou qu'un autre, il s'arrange pour ne plus en faire. Aux toilettes, il pissera assis. Comme une femme. Sans le dire à personne, il respectera les canons élémentaires de la propreté des lieux. Ou encore il se concentrera pour finir par frapper immanquablement la cible.

Oui, le pipi du mâle est facile à faire du moment qu'il peut uriner à l'extérieur. Ce sera un avantage moult fois remarqué que la simplicité avec laquelle un homme peut faire pipi, qui sur les pneus de son auto, le long de l'autoroute, sous les viaducs, qui au pied du premier arbre venu, à l'orée de n'importe quel bois, bref, n'importe où du moment qu'une foule ne l'observe pas. Pour la femme, l'opération est nettement plus délicate. La complexité s'ajoute au besoin de discrétion. Les hommes urinent n'importe où et ne souffrent pas trop des affres des toilettes publiques puisqu'ils pissent debout. Vite fait. Mais la femme entretient avec ces lieux des rapports difficiles. En ce domaine, la femme n'est pas très publique. Pourtant, la difficulté se retourne une fois à l'intérieur de la maison. Là, la facilité de l'homme n'a quasiment plus sa place. Et la femme de prendre le contrôle de la salle de bains.

L'homme est très près de la nature, la femme l'est de la culture.

BERNARD ARCAND

L'historiette suivante est modérément grivoise, du genre que l'on n'entend jamais à la radio culturelle et qui, il n'y a pas si longtemps, aurait valu à son auteur une note de service du responsable des émissions, sans compter la menace d'un non-renouvellement du permis de diffusion de la part du CRTC. L'histoire est toute simple. Mon voisin m'a téléphoné l'autre jour pour exprimer son profond mécontentement. Il était furieux. « Savez-vous, me dit-il, que votre fils est venu faire pipi dans ma cour. Il a même écrit son prénom en pissant sur la neige. »

L'accusation était à la fois drôle et embarrassante. « Cela est certainement déplorable, lui ai-je répondu, mais vous comprenez qu'il s'agit d'une frasque bien innocente de la part d'un petit garçon qui fait une mauvaise plaisanterie en cherchant à s'amuser. »

« Là n'est pas le problème, me répondit mon voisin, c'est que j'ai reconnu l'écriture de ma fille ! »

SERGE BOUCHARD

Les mâles sont ainsi faits que leur instinct de compétition passe par les qualités mesurables de l'appareil de reproduction. Il s'agit certes d'un jeu mais il est remarquable de voir combien ce petit jeu finit par en dire assez long. Pisser loin fait partie de cette joute. Qui ne l'a pas essayé qui faisait son coq dans les villages ou les quartiers ? Celui qui pisse le plus loin sera le plus fort, le gagnant, le meilleur. De là l'expression courante qui parle de pipi en voulant signifier le pénis. Non seulement les petits garçons font des petits pipis, mais ils ont des petits pipis en guise de verge. Voilà un beau cas de métonymie. Il ne faut pas montrer son pipi. Ni le pipi qu'on fait, ni le pipi qu'on a.

Mais petit pipi deviendra grand et il est impératif de pisser le plus loin possible. Soutenir l'arc du jet, projeter l'urine à l'autre bout du monde connu, voilà qui démontre la puissance d'un mâle qui non seulement a le boyau qu'il faut mais encore et surtout l'énergie explosive qui fera de lui le champion des champions. C'est la loi du plus gros pipi.

BERNARD ARCAND

Le temps est venu pour moi d'avouer que mon enfance fut difficile. Quoiqu'on aurait du mal à y trouver matière à un film ou même à un pauvre téléroman. Je n'ai pas passé ma jeunesse dans les rues de Bogotá, terrifié par des escadrons de la mort. Je n'ai pas été rendu infirme par un adulte dans le but de mendier dans les rues de Calcutta, ni vendu dans un bordel de Bangkok pour pédophiles allemands. Je n'ai même pas eu de parents malveillants ni connu d'éducateurs trop attentifs. En fait, j'ai grandi entouré de parents chaleureux et de gens bienveillants. C'est bien davantage de moi que venait la difficulté. Je construisais mon propre malheur grâce à un don assez remarquable pour la création d'embûches. J'avais l'habitude de me compliquer la vie, comme on dit, en soulevant des questions existentielles parfaitement insolubles, dont plusieurs auraient fait l'envie de Woody Allen comme d'Ingmar Bergman.

Chaque fois que l'on m'informait des choses de la vie, j'y découvrais une nouvelle source d'angoisse quasi métaphysique. Soit j'avais reçu du ciel un cadeau empoisonné, soit j'avais acquis un sens de la controverse particulièrement aiguisé. Par exemple, lors de mon apprentissage des sciences religieuses, après avoir essayé sans succès de connaître l'identité des épouses de Caïn et d'Abel, ou de celles de Sem, Cham et Japhet, les fils de Noé qui repeuplèrent le monde après le Déluge, ma curiosité retournait aux origines pour chercher à comprendre si Ève, issue de la côte d'Adam, était de même nature que son mari et si, de cette manière, nos deux ancêtres étant en quelque sorte frère et sœur, on peut dire que l'humanité a été fondée sur un inceste. Par-dessus tout, je me suis longtemps demandé pourquoi Adam aurait eu un nombril. Voilà des questions qui suffiraient à rendre n'importe quel enfant insomniaque et qui font qu'à la longue, une enfance devient difficile.

Il me semble aujourd'hui que le moindre lieu commun suffisait à alimenter mes questionnements et que ceux-ci étaient souvent aussi tortueux que le fractionnement d'un cheveu mince en quatorze parties égales. Dans certains cas, par contre, ce qui était enseigné à l'enfant que j'étais paraissait tellement incohérent ou incomplet que les questions surgissaient d'elles-mêmes comme si elles flottaient déjà à la surface. À l'instar de tous les enfants du monde, j'ai vite perçu la bêtise des adultes.

Prenez par exemple (un exemple banal aujourd'hui mais drôlement sérieux à l'époque) la mémorable histoire de cette Belle au bois dormant qui, affligée d'un mauvais sort jeté par une vilaine fée frustrée, dut attendre dans un sommeil profond l'arrivée salvatrice du superbe Prince charmant. L'histoire se veut émouvante, mais n'importe quel enfant reconnaît tout de suite une invraisemblance grossière dans ce récit. Et contrairement à ce que certains adultes désabusés pourraient croire, ce qui fait problème dans cette histoire aux yeux d'un enfant, ce n'est ni le pouvoir surnaturel de la fée qui impose un mauvais sort, ni le lien douteux entre une petite piqûre sur le doigt et le sommeil potentiellement éternel, ni même le sexisme primaire des rôles attribués à la dormeuse passive et au héros naïf mais courageux qui met sa vie en danger pour le plaisir d'une princesse. Ce qui semble cent fois moins probable, c'est l'extraordinaire qualité de la vessie de la Belle au bois dormant.

Tout enfant le moindrement attentif, en effet, se demandera comment une vraie personne peut dormir aussi longtemps sans avoir besoin de faire pipi. Car tous les enfants du monde savent bien que le pipi représente le pire ennemi du sommeil et du repos. Les bébés s'éveillent et se mettent à pleurer parce qu'ils sont mouillés. Les adolescents savent qu'ils dormiraient éternellement si ce n'était du besoin trop pressant d'aller faire pipi. Les justes en perdent le sommeil et le guerrier ne peut plus se reposer. Les aînés se plaignent de ne plus pouvoir, quinze fois par jour, lui résister.

La capacité de la vessie humaine définit les limites de notre imaginaire. Les plus grands rêves ont été interrompus par une vulgaire envie de pipi. Le magnifique et le merveilleux se trouvent brutalement brimés par une simple affaire comptable. C'est peut-être d'ailleurs tout ce qui nous empêche de sombrer définitivement dans la paresse et de nous transformer, tous, en Belles au bois dormant. Éternellement. L'envie de pipi est un réveil et un simple retour aux cruelles réalités ordinaires de la condition humaine. C'est ce que l'on a très justement baptisé « l'appel de la nature ».

SERGE BOUCHARD

La grosse envie fait partie de l'univers merveilleux du pipi. Plus on se retient, plus on jouit. Voilà une première leçon générale. Pisser au terme d'une longue retenue nous procure une satisfaction primitive. Il en va du pipi comme de notre souffle. Nul ne peut vivre sans respirer. Remercions le bon Dieu de simplement pouvoir pisser. Car autrement la mort viendrait très vite. Si nous faisions une petite prière à chaque pipi, déjà le ciel serait gagné. La grosse envie de faire pipi nous donne cette seconde leçon : le corps est bien fait qui filtre ses poisons. Ce qui semble commun et répétitif, ce qui nous apparaît sale et vulgaire, en ces occasions uniques où nous croyons mourir d'envie et où pisser nous donne l'impression de la plus grande détente qui soit, devrait nous rappeler aux ordres des miracles. Il faut que le corps marche bien en tout et les grosses envies nous rappellent l'importance élémentaire des fonctions les plus simples.

BERNARD ARCAND

Tous les dictionnaires sont d'accord, le mot « pipi » est enfantin, un euphémisme tiré de la première syllabe du verbe « pisser ». Comme disait Roman Jakobson, c'est l'un des tout premiers sons qu'un être humain apprend à reconnaître ; « pipi » apparaît en même temps que le magnifique « papa » et l'insignifiant « pupu ».

Le dictionnaire nous apprend également que le mot « pisser » est très proche des mots pissenlit, pisseuse, pissoux, pissotière de l'impératrice, pisse-vinaigre, pistache, piston, pisciculture, agace-pissette, pistou, pistil, dépister et pistolet. Pis quoi encore ? Et pis après ? Pis encore.

Peut-être approchons-nous du jour où ce type de série recueillie pêle-mêle dans une page de dictionnaire prendra forme et qu'en cherchant un peu, on retrouvera l'ensemble de ces qualités diverses incarnées en une seule et même personne : l'individu tout à fait postmoderne et bien de son temps, totalement mêlé mais très complet.

SERGE BOUCHARD

Je déteste donner mon urine à des gens que je ne connais pas. Encore moins la mettre en bouteille. D'abord le geste curieux de recueillir sa propre urine dans un bocal, ensuite l'idée encore plus curieuse de la confier à d'autres mains, voilà autant de transgressions remarquables. Nous nous livrons alors à l'œil implacable de l'inquisition chimique. Car l'analyse de l'urine est incontestable. Elle révèle la moindre substance qu'il vous est venu à l'esprit de mettre dans votre corps. De la nicotine, de l'héroïne, de l'eau bénite, des anabolisants, des amphétamines, du brocoli, tout ce que l'on peut ingérer, s'injecter, prendre pour se détruire ou se refaire, pour s'effacer ou se grossir, tout ce qui nous compose ou nous décompose, tout ce qui nous culpabilise ou nous innocente, tout ce qui nous souille ou nous purifie, rien n'échappera à la loupe et aux lamelles du chimiste.

L'analyse d'urine constitue la principale raison pour laquelle je ne suis pas devenu un grand athlète olympique. J'ai préféré les études aux médailles et c'est très bien ainsi. Jadis, un templier m'a donné à boire tout en marmonnant des phrases obscures à propos d'un certain Graal. Si j'étais découvert par la teneur de mon urine, mes explications ne serviraient à rien. Je crois.

BERNARD ARCAND

Peu d'examens médicaux sont aussi exhaustifs. Le test d'urine dit tout : qui a consommé des drogues illicites, qui a été victime de fumée secondaire de marijuana maudite consommée par de mauvaises fréquentations, qui a mangé des ailes de poulet sauce piquante, qui a mâché de la gomme avec ou sans sucre. L'urine est une bavarde qui raconte une histoire de vie. Ceux qui s'en préoccupent et qui l'examinent sont également ceux qui décideront plus tard de rédiger leurs mémoires. D'autres ne veulent rien savoir et chassent cette bavarde le plus rapidement possible, pour en effacer le mauvais souvenir.

SERGE BOUCHARD

Il ne reste plus rien chez *Homo sapiens sapiens* de cette habitude de marquer son territoire par le moyen de l'urine. Quoique ce ne soit pas l'envie qui manque.

Pour un chien, une odeur d'urine est comme une encyclopédie ouverte. C'est une photo, un film, une fiche, un trésor d'information. Pour lui, la plus grande jouissance du monde consiste à longuement renifler, c'est-à-dire réfléchir, autour d'une odeur d'urine. L'urine a ainsi un rapport évident avec les fondements de la géopolitique. Qui est venu, qui peut passer, qui ne peut pas, j'urine par-dessus pour effacer la trace de l'intrus, et que sais-je encore qui traduit le codage premier des messages les plus importants du monde. Nul besoin de clôtures, de placards ou d'enseignes quand ton odeur est assez forte pour être aussi reconnue que redoutée. Les concours d'urine entre les animaux annoncent les premiers cadastres humains. Les impériaux sont ceux qui pissent le plus loin.

BERNARD ARCAND

Rares sont ceux qui ont gardé souvenir de monsieur Rambuteau. Claude Philibert Barthelot, comte de Rambuteau. Un honnête administrateur qui fut d'abord chambellan de Napoléon, puis membre de l'opposition contre les royalistes, pour enfin être nommé préfet de la Seine, une fonction qui lui permit de réaliser de nombreux travaux d'intérêt général : l'éclairage au gaz, l'achèvement de l'Arc de triomphe et surtout la création, en ville, d'édicules dans lesquels les hommes pouvaient désormais pisser librement.

L'idée n'était pas nouvelle et c'est pourquoi l'on a tout de suite baptisé ces urinoirs publics du nom de « vespasiennes », dans le but de rendre à Vespasien ce qui appartenait à Vespasien, empereur romain de 69 à 79 qui, lui aussi, réalisa quelques grands ouvrages, en particulier le temple du Capitole. C'est lui qui entreprit également la construction du célèbre Colisée et qui rétablit l'ordre dans une société qui avait beaucoup souffert sous son prédécesseur, l'inimitable Néron. Vespasien fut un empereur aimé et populaire. Mais il avait un grand défaut, l'avarice. À ses côtés, Harpagon ou Séraphin Poudrier feraient figure d'amateurs. Car Vespasien, inventeur des latrines publiques, eut l'audace d'imposer un impôt sur l'urine. Bon prince et administrateur consciencieux, il appliquait à la lettre le principe de l'utilisateur payeur. On dit même qu'il serait l'inventeur de la boutade : « *Pecunia non olet* », « L'argent n'a pas d'odeur ». Alors que d'autres ont souvent taxé les produits de luxe comme le caviar et les automobiles, Vespasien imposait l'ordinaire et le plus commun. Vous verrez, dirait aujourd'hui Vespasien, dans quelques années, quand l'air devra être purifié, le graffiti aura finalement raison et ils imposeront une taxe sur l'air que nous respirons. « C'est lui qui a commencé », diraient les chicaniers. Les historiens retiendront qu'il était en avance sur son époque.

SERGE BOUCHARD

Se pourrait-il que l'élixir de la santé profonde se cache dans les déchets de notre corps ? L'urine est riche, apparemment. Le pipi est plus précieux qu'on pense. Dans le jet et le rejet de ce que nous devons éliminer, nous avons la possibilité de faire le tri. Et ce recyclage biochimique vient augmenter l'inventaire de nos pharmacies.

L'urine du centaure guérissait la cécité, si elle était bue la nuit, de préférence sous la pleine lune, au pied d'un très vieil olivier. Il fallait la faire chauffer, la distiller en quelque sorte, avant que l'envoûteuse de la région ne s'y trempe les pieds. Pendant trois jours.

Si l'urine du cheval possède quelques vertus, imaginez l'urine de l'orignal. Celle-là relève le moral des gens les plus abandonnés. Quand une orignale pisse dans l'eau calme des lacs les plus tranquilles, le temps des amours résonne dans la forêt profonde comme s'il était annoncé par toutes les cloches de la chrétienté. Buvez l'urine d'une orignale en chaleur, vous m'en reparlerez. L'aphrodisiaque des aphrodisiaques est le secret le mieux gardé. Par quelques vieilles Indiennes ridées et rieuses qui savent aujourd'hui qu'il ne vaut plus vraiment la peine d'en parler.

La vengeance est douce au cœur des vieilles Indiennes.

II

LA PHOTO

SERGE BOUCHARD

Je dois toutes mes idées sur la photo à
Marie-Christine Lévesque.

Lorsqu'il s'est enfui de par les routes, en espérant passer la frontière pour trouver refuge dans un royaume voisin, Louis XVI fit un énorme bout de chemin avant d'être reconnu par quelqu'un. C'est que la photographie n'existait pas.

Les Français n'étaient pas familiarisés avec le visage de Louis XVI. Il nous est devenu difficile aujourd'hui d'imaginer pareil état de fait. Chacun sait la moindre ride de Bill Clinton et nous vivons au centre d'une galerie de visages célèbres. Avant l'ère de la photo, aucun visage n'était connu, fût-il de Jules César, de Frédégonde, voire de Cléopâtre dont on sait que nous n'avons retenu que le nez. Avant l'ère de la photo, les gens se faisaient un nom. Gengis Khan a laissé bien des souvenirs, son nom a fait trembler bien du monde, mais personne ne sait à ce jour à quoi il ressemblait vraiment. S'il revenait parmi nous, il lui faudrait tout reprendre à zéro du fait que personne ne le reconnaîtrait. Personne ne le craindrait. Il aurait beau répéter : « Je suis Gengis Khan, me reconnaissez-vous ? », la réponse serait non et la situation serait pathétique. Tout cela parce qu'il n'y a jamais eu de photo de lui.

Nous sommes tellement envahis par une grande quantité de visages connus qu'il m'arrive souvent de voir un visage familier sur une affiche sans que je puisse y mettre un nom. Ce qui revient à dire qu'un visage sera facilement reconnu alors qu'un nom le sera moins. Dans le premier cas, il faut le changer, le cacher. Dans le second, il suffit de ne pas le prononcer.

Au Moyen Âge, Philippe le Bel se mêlait fréquemment à la foule parisienne aux alentours de la Sainte-Chapelle et personne ne se doutait qu'il était roi. Je vois mal Jean Chrétien entrer dans un resto-bar comme si de rien n'était.

Quant à Louis XVI, notre observation vient alourdir un dossier déjà passablement épais. Il avait tout pour se sauver, lui et les siens. Son nom, disons-le, ne faisait pas frémir grand-monde. Il n'avait qu'à jouer les muets pour ne jamais avoir à seulement le décliner. Quant à la notoriété de ses traits, là encore, l'affaire était facilitée. Les portraits peints et les bustes sculptés n'ont pas la vertu de représenter la réalité. Ils déforment au contraire et finissent pas masquer les traits véritables de la personne. Un profil légendaire n'est pas une photo d'identité. Tout jouait en faveur du roi fuyant devant la violence de la Révolution. Mais à force de ne rien faire qui vaille dans une situation qui demandait de la vaillance, son visage fut quand même reconnu et sa tête quasiment anonyme, qu'il aurait pu conserver, fut finalement coupée.

BERNARD ARCAND

J'aime les photos de campagne électorale. Le fait de voir la tête des candidats me dispense de lire le programme de leur parti et de m'attaquer au jargon des rivalités politiques postmodernes. Ces photos affichées sur les poteaux me permettent de juger instantanément si le candidat me ressemble, si je peux m'identifier à son profil et si, en lui, je me reconnais. Une telle pourrait être ma sœur, ma mère, une cousine, un grand amour. Tel autre pourrait facilement être mon beau-frère. Heureusement, tous paraissent sereins et souriants. Cela me rassure, ce sont des sentiments que j'apprécie. À bien y penser, je vais voter pour moi.

* * *

La mode est à l'authenticité et l'opinion populaire condamne sans appel les photos truquées. On veut être certain que c'est bien Ernesto Guevara que l'on voit mort en Bolivie, que le célèbre cliché de Robert Capa montre réellement l'instant où le soldat courageux a été fauché par une balle ; que la jeune Vietnamienne brûlée par le napalm est une authentique petite Vietnamienne vraiment brûlée par du vrai napalm. Le trucage ou la pose seraient causes de scandale. Intraitable, le public souhaite que la photographie capture le réel sans le modifier. Idéalement, le photographe devrait disparaître, laissant l'impression que sa photo s'est faite toute seule, sans son intervention.

Il s'agit d'un mensonge, bien sûr. La photo ne se fait jamais toute seule et lorsqu'on nous montre le grand explorateur qui atteint le sommet de l'Everest ou de l'Annapurna, c'est qu'il y avait là un photographe, apparemment suspendu entre ciel et terre. Quand les *marines* américains plantent un drapeau sur une île du Pacifique, il y avait à côté un photographe trop occupé pour leur donner un coup de main. Sur les champs de bataille de la guerre d'Espagne, les balles sifflaient pour tout le monde.

Ne plus prétendre que la photo soit le reflet de la réalité, c'est assumer pleinement la présence du photographe et réhabiliter les photos « posées », celles où les sujets portent leur meilleur costume, se présentent bien coiffés et se tiennent droit. Car ces photos sont franchement plus honnêtes que la plupart des instantanés surprises. Elles transmettent aux générations futures des informations fort précieuses.

Par exemple, vous avez sans doute remarqué que dans la plupart de nos journaux, les chroniqueurs accompagnent leur texte d'une photo qui les montre en gros plan. L'éventail des spécialités couvre le politique, le social, le culturel, le philosophique, le drolatique, l'horoscope, la finance, l'écologie, et tout le reste. De même, les portraits des chroniqueurs couvrent le spectre des grands airs préférés : ils vont du jovial au niaiseux, du sinistre au sympathique. Les plus intellectuels se présentent avec un doigt dans le visage (un doigt sur la joue, un doigt posé sur l'arcade sourcilière, deux doigts au menton avec le pouce sur la mandibule), d'où les archéologues de l'avenir concluront que c'était notre signe de réflexion et que notre époque croyait que la pensée profonde surgissait au contact du doigt dans la face !

Pensez aussi à ce que ces archéologues diront en voyant les espiègles qui s'amusent à placer deux doigts en signe de V à l'arrière de la tête du directeur au moment de la photo officielle. Ils se demanderont comment nous créons ces images formelles, qui joue le rôle de l'espiègle ou celui du directeur et comment nous construisons l'image de la dérision. Tout cela est mis en scène et tout cela reste parfaitement authentique.

La photographie n'arrive pas à faire mentir sa réputation d'être le plus réaliste de tous les arts. C'est avec l'invention de la photo que la peinture put enfin devenir abstraite. Et cette invention tombait pile, dans un XIXe siècle marqué par le positivisme, le réalisme scientifique et la technologie industrielle, un siècle marqué également par l'expansion considérable du journalisme qui a toujours prétendu rester fidèle aux faits et à qui la photo, simple mécanique du reflet, procurait un outil quasi parfait. Ce qui, à la même époque, n'a pas empêché les autorités coloniales de se faire photographier au milieu des chefs indigènes pour montrer que la région était bien sous leur domination. De même, les missionnaires prouvaient en photos que les sauvages, « avant », étaient des barbares païens alors que, « après », ils étaient bien alignés sur les bancs d'une école de brousse toute propre. Quant aux anthropologues, ils prenaient toutes les précautions pour éviter que leurs photos ressemblent à des photos de touristes. Tout cela était vrai, parfaitement authentique et terriblement révélateur.

*   *   *

Sur mon bureau, il y a une photo encadrée, achetée chez Zellers, montrant une femme assez jolie qui m'est totalement étrangère. Voilà qui fait beaucoup jaser. Les gens imaginent des choses, on lance à mon propos les pires rumeurs, certains m'inventent une double vie. Je crois rêver, mais à leurs yeux je suis devenu un personnage trouble, inquiétant, peu fiable. Tout cela pour 3,95 $ chez Zellers.

*   *   *

Toutes les photos sont des clichés. De très courtes citations. Une image qui ne montre qu'un centième de seconde d'une existence qui aura duré soixante-quinze ans dans le cas d'un humain, quarante siècles dans celui d'une pyramide, sans compter les couchers de soleil. Ces images sont des fragments très incomplets. Sans parler de la tricherie du photomontage, des épreuves retouchées, des bains révélateurs qui savent masquer les défauts, du papier à grain lourd qui se prête volontiers aux effets spéciaux, ni de la pellicule, de l'angle de prise de vue ou de l'éclairage qui vous enlaidissent ou vous font beau à souhait. Nous avons tous appris que la photographie est une invitation à la dissimulation et à la tricherie.

Ce n'est pas le moindre paradoxe que cette même photographie serve souvent de preuve irréfutable. Lorsque les mots ne suffisent pas, ou que l'on refuse de vous croire, vite, sortez une photo et le tour sera joué. Inutile d'ajouter quoi que ce soit, la photo sera reçue pour vérité incontestée. « Nous venons d'avoir un enfant, en voici la photo. » « Je suis allé au Mexique, voyez mes photos de voyage. » « Votre mari vous trompe ? Un bon détective le surprendra en photo ! » Comme si la parole ne suffisait plus aux hommes de peu de foi, il faut désormais le voir en photo pour le croire. On était certain, autrefois, parce que c'était écrit « noir sur blanc » dans le journal, on dit maintenant : « Je l'ai vu à la télévision. »

Nous avons admis les limites de nos sens : le mouvement est devenu trop rapide, il faut le fixer sur pellicule et le revoir ensuite en reprise au ralenti. Dans l'excitation de la vie moderne, il n'est plus possible de tout voir à l'œil nu. Tout va trop vite, on n'en croit plus ses yeux. Le jugement dernier sera rendu par photo-finish.

SERGE BOUCHARD

La photo est la pire des preuves. Monsieur peut bien nier mais voici qu'il apparaît en noir et blanc, les « culottes baissées », les « culottes à terre ». Bien sûr, vous pourrez toujours dire que la photo est arrangée mais avouez que la côte sera difficile à remonter. Cette photo vaut de l'or car elle peut faire chanter n'importe qui dont la réputation importe, les gens les plus culottés justement.

De la sorte, durant le XXe siècle, qui déjà n'est plus, la photo est entrée dans les mœurs. Elle est entrée dans nos mœurs les plus mauvaises. La police s'en sert autant que les bandits. Certaines personnes donneraient tout pour voir leur photo dans le journal, d'autres donneraient tout pour ne jamais la voir. La photo sort gagnante aux deux bouts de la chaîne. Elle accuse, elle innocente, elle menace, elle construit, elle détruit. Le secret de ces photos-là tient dans leur pouvoir de dévoilement. Nous savions que la mairesse faisait l'amour à sa secrétaire, mais nous ne l'avions jamais vu. La photo compromettante nous le montrera, pour la première fois. En matière criminelle, sur des questions de morale ou d'activités sexuelles, comme preuve de corruption, de réunions douteuses, la photo tient lieu de détonateur. Elle fait plus de dommage qu'une balle de fusil. Nous avons en nous un penchant vicieux, celui de dévoiler la face cachée de nos identités.

BERNARD ARCAND

Une femme généreuse qui m'avait prêté son appartement pendant une semaine avait eu la curieuse idée de décorer ses murs de 147 photos d'elle-même. En habitant chez elle, j'avais l'impression d'être sous surveillance : pas question de fouiller dans ses tiroirs ni de me sauver avec l'argenterie. Le regard de la propriétaire était omniprésent, de la salle de bains jusqu'au salon, et on pouvait l'apercevoir dans toutes les situations.

Il y a des gens comme ça qui, manifestement, aiment s'entourer d'images d'eux-mêmes leur rappelant des moments de leur vie, des amis anciens et des époques révolues. Ces photos fournissent un outil de lutte contre l'oubli, le remède commode aux défaillances de la mémoire. Par surcroît, à tout instant, il leur suffit de regarder au mur pour se convaincre d'avoir eu une vie comblée de belles relations et d'aventures heureuses.

D'autres cultivent l'attitude contraire et préfèrent ne jamais regarder leurs anciens portraits. Aucun souvenir sur les murs, à peine quelques photos vieillies dans un album oublié au fond d'un tiroir. Ils n'ont jamais vraiment aimé la photographie parce que « faire tirer son portrait », comme on disait autrefois, se faire « poser », c'est en même temps faire une pause. Un arrêt suivi d'une impression forte. Car une photo a toujours pour effet de fixer le temps sur une pellicule, où certains craignent de faire l'impitoyable découverte du temps perdu.

SERGE BOUCHARD

Nous connaissons tous l'anecdote mille fois racontée dans le cercle des conversations cultivées relatant la réaction de ces primitifs qui, voyant les hommes blancs pour la première fois, tenaient la photo pour une terrible magie parce qu'ils croyaient que l'appareil photo captait le double de l'être, pour ne pas dire son âme. Personne ne veut vendre son âme pour une bêtise de Polaroïd. Perdre son double attire inutilement le trouble.

Pour les modernes que nous sommes, cette histoire est amusante. Mais il me semble que nous devrions faire attention. Et si les anciens Maoris avaient raison ? La photographie nous enlève peut-être quelque chose et bien des maux psychologiques contemporains pourraient provenir de cette manie de constamment nous faire photographier. Surexposé, l'être s'étiole, il perd de sa substance. Bombarbé, aspiré, transpercé, son système immunitaire s'affaiblit au point où toutes les dépressions l'atteignent durement, quelquefois fatalement.

Dans l'avenir d'une médecine qui ne cesse de progresser, des chercheurs nous avertiront demain que trop de photos tue.

Quand la voracité de la photographie augmente au-delà du raisonnable, les paparazzis pullulent et la victime est prise au piège. Le choc des photos se fait sentir à l'évidence dans tous les *Paris Match* du monde. Les têtes d'affiche de ces trucs-là finissent toutes tragiquement. On les prend en photo comme on mitraille une cible. Une pareille euphorie ne peut se terminer autrement que par un sacrifice. Il faut mourir, criblé.

La mort, au lieu d'éteindre ce feu, ne fait que le raviver.

Ceux et celles qui auront été pris dans le filet de la pellicule, les torturés des clics et des zooms, verront leur cadavre offert aux objectifs puisque le tout se poursuivra jusqu'à la mise en terre.

L'homme le plus photographié du monde fut peut-être un certain Adolf Hitler. Personne ne contestera qu'il était fou furieux. Je tiens cependant pour hypothèse qu'il eût été moins dangereux si on l'avait moins photographié. Sa maladie s'aggravait au fur et à mesure que les photos se prenaient.

Oui, la photo rend malade, elle rend fou, il lui arrive de tuer. S'il n'y a pas là de quoi faire une enquête sur les effets pernicieux d'une technologie courante, alors je donne ma langue au chat. D'ailleurs, nous donnons toujours notre langue au chat plutôt que de donner raison aux Maoris.

BERNARD ARCAND

Nombreux sont les grands explorateurs et les bons missionnaires qui relatent la réaction hésitante, voire craintive, de certaines populations dites primitives devant l'appareil photo. L'interprétation courante veut que ces peuples encore mal éduqués (et que l'on imagine quelque peu bonasses) conçoivent la photo comme une forme sophistiquée de vol. Ils s'imaginent que c'est une partie d'eux-mêmes que la photo capture. Il ne s'agit donc pas simplement d'une invasion ou d'un viol d'intimité, mais bien d'une escroquerie, l'enlèvement d'une partie de soi. Comme si, chaque fois que l'on fait la photo d'une personne, une mince couche de son être lui était enlevée. Au risque, pour cette personne, d'y laisser progressivement sa peau.

À des milliers de kilomètres de là, dans nos sociétés avancées, nous n'avons plus ce genre de crainte naïve. Au contraire, les modernes aiment bien se faire photographier, comme si cela enrichissait leur existence. On dirait que chaque photo apporte une nouvelle patine à leur personnalité et qu'ils conservent les photos d'eux-mêmes comme des collectionneurs de valeurs ajoutées, à la façon de cette mère à qui l'on disait que ses enfants étaient magnifiques et qui répondait : « Attendez de les voir en photo ! »

Dans nos sociétés avancées, les vedettes qui distribuent leur photo se montrent généreuses et font plaisir aux admirateurs en leur offrant une partie d'elles-mêmes. Les vedettes et leurs admirateurs conçoivent la photo comme une forme sophistiquée de don. Une conception qu'ils partagent avec les primitifs. La puissance de la photographie et de la pensée sauvage n'a jamais été démentie.

SERGE BOUCHARD

Les gens qui croient aux esprits, et ils sont nombreux, ont depuis longtemps remarqué ceci : la photo révèle des vérités qui nous échappent, elle est sensible à des phénomènes paranormaux. Il s'agit bien sûr du problème de l'effacement. Tout se passe comme si la pellicule enregistrait à l'avance l'absence des visages marqués par le destin. Sur certaines photos, en effet, nous ne parvenons pas à être. Ce néant est un signe qui relève de l'univers des plus grands maléfices. C'est le cas de le dire : quand le film accepte le détail des paysages, quand il reproduit les cailloux sur la route, les rides à la surface du lac, les feuilles dans les arbres, le vol de la mouette en arrière-plan, le sourire de tout un chacun, mais pas votre visage et encore moins vos yeux, alors c'est que la magie de la photo annonce des misères. Oubliez le problème technique, l'appareil photo fonctionne très bien. Il fonctionne si bien qu'il a des idées noires.

La photo efface tout à fait ceux qui sont en train de s'effacer. Cette manière est d'ailleurs efficace dans tous les sens. Qu'elle est grande l'épouvante de voir apparaître sur une photo un personnage qui n'était pas là quand on l'a prise ! Quelle angoisse que de se voir disparaître sur une photo !

On ne rate jamais ses photos, les photos se ratent d'elles-mêmes. Elles refusent de sortir. Toutes les vérités ne sont pas bonnes à dire. L'invention de la photographie a signifié l'apparition d'un terrible miroir, le plus horrible que nous puissions imaginer.

Voici monsieur, voici madame, voici Véronica, Thierry et Jessica, en des temps plus heureux : une heure avant d'être tous assassinés.

Par un homme monstrueux dont la silhouette apparaît derrière un arbre, dans le flou du fin fond de nos pires cauchemars. La photo du bonheur est éphémère comme le bonheur. Il y aura toujours quelqu'un pour regarder cette photo dans un avenir plus éclairé sous le rapport du destin. Je vous le dis, monsieur, regardez cette photo. Dieu qu'ils sont beaux, c'est terrible comme elles sont belles ! Quand on sait ce qui est arrivé depuis, c'est à peine croyable ! Tu crois photographier la joie alors que tu immortalises le malheur.

L'appareil photo sait le négatif des choses. Il tire son sens de la mortalité.

Les gens qui croient aux esprits savent qu'il y a plus que des images dans la photographie.

BERNARD ARCAND

Le geste peut paraître vaniteux, mais les vedettes ont bien raison de distribuer leur photo aux admirateurs. Nous devrions tous faire de même.

Imaginez les gens qui vous aiment serrant votre portrait sur leur cœur, le plaçant sous l'oreiller, le portant dans un portefeuille sur la cuisse ou dans une sacoche sur la fesse gauche. Mieux, songez aux gens qui vous haïssent. Imaginez-les en train de déchirer rageusement votre photo ou d'y lancer des fléchettes. Ces gens-là se font beaucoup de bien par ces colères, alors n'hésitez pas à leur faire parvenir régulièrement de nouvelles photos de vous. Ça les irritera encore davantage.

SERGE BOUCHARD

Aux alentours de l'année 1863, les photographes américains étaient déjà à l'œuvre et ils immortalisèrent les champs de bataille de la guerre civile en réalisant la première collection systématique de photos de combats. Il y eut même, durant les hostilités, une exposition à New York. Pour la première fois, des civils en retrait dans une grande ville non touchée directement par les violences du front voyaient réellement à quoi ressemblait la guerre. Et ce n'était pas beau. Les citoyens prirent conscience que la guerre banalisait l'horreur. Le champ de bataille ne tenait plus en un nom virtuellement légendaire ; c'était un champ tout simplement. Les cadavres empilés des jeunes soldats des deux camps rappelaient le sens premier de la vie qui se perd. Les têtes éclatées, les corps mutilés, plus rien n'inspirait l'honneur, les cœurs n'étaient plus à la gloire. Par son contenu trop explicite, par son réalisme choquant, l'exposition de photos, la première du genre dans l'histoire, bouleversa les citadins du Nord à l'abri des combats. Le sentiment de l'irréparable se manifesta tellement fort qu'on dut mettre un terme à cette exposition afin de ménager le grand public.

Ces faits pouvaient donner espoir sur le bon fond de notre humanité. Il s'est certainement trouvé un commentateur de l'époque pour penser que la photo allait modérer nos ardeurs. Mais ces espoirs furent vite déçus.

Bien sûr, il n'est pas facile de réaliser que du sang, c'est du sang, et qu'un corps démoli ne se rapièce plus. Il est choquant de voir l'histoire autrement. Hector, Patrocle, Achille tuaient et se faisaient tuer. Les obscurs et les sans-grades de la grande armée de Napoléon ont vu des choses indicibles. Les poilus survivants deviennent muets. Le soldat deviendrait fou si en plus il parlait. Pareille horreur ne se dit pas. Cela ne se dit pas. Il n'y a pas de mots pour le dire. Mais il y a la photo.

Toutefois, nous savons aujourd'hui qu'une fois revenu de sa

surprise, le public adore le réalisme de la photo. Au lieu de nous faire prendre conscience du cauchemar, la photo relance nos instincts. Les photos inacceptables se vendent fort bien sur le marché pornographique des horreurs. Devant la mort tragique, l'humanité baisse les yeux une seconde, avant de les ouvrir bien grands pour lentement l'envisager. Six milliards de maniaques sur une planète grosse comme ma main. La première et la plus difficile prise de conscience, c'est de réaliser le danger que l'on représente pour son voisin.

BERNARD ARCAND

« Jeune femme dans la quarantaine aimerait rencontrer homme sensible et raisonnable. L'âge importe moins que le sens de l'humour. Pour sorties, restaurants, promenades, voyages et peut-être davantage. Prière d'envoyer photo. »

Il est toujours souhaitable, en effet, de voir à quoi ressemble la personne qui répondra à une telle offre de rencontre. C'est en découvrant la tête de l'individu que l'on apprendra son âge véritable, son état d'âme et sa personnalité. Une lettre, un discours ou un serment sont rarement suffisants. L'amour et la séduction sont des jeux beaucoup plus concrets, pour lesquels la photo est requise. Beaux parleurs s'abstenir. Cyrano parlait bien mais il avait un grand nez. Un peu comme les gens de la radio et les écrivains, qui ne sont pas souvent beaux et qui n'aiment pas leur photo mais qui, Dieu le sait, parlent et écrivent tellement bien.

SERGE BOUCHARD

« J'ai ta photo dans ma chambre. » Voilà une phrase qui fut le refrain d'une chanson dont se souviennent à coup sûr les gens de ma génération. La chanson n'était pas bonne mais la phrase a tenu. Qui doutera que la photo soit une âme ? Porter une photo sur soi, dans son portefeuille, accrocher une photo au mur de sa chambre, encadrer des petites photos pour les placer sur des bureaux, tout cela rappelle la prière, nous nageons dans l'apparition. Les jeunes sont très touchés par ce phénomène quand ils tombent amoureux d'une image. L'affiche sacrée, la photographie commerciale sur papier glacé, autant de représentations qui se consacrent à l'idole. Petite ou grande idolâtrie, les causes de l'amour, du sexe, du souvenir, de la politique, du fétichisme en général, tous les appels sont entendus dans l'affichage des photos sur les parois de notre intimité.

Dans l'ordre de la chefferie, les grands dirigeants, les guides, éclaireurs et timoniers du monde entier, ceux de toutes les organisations et corporations, ceux de tous les partis, ont usé et usent encore de cette stratégie. Tu regardes le chef en sachant que le chef te regarde. Pour le sexe, même penchant. Sur le mur graisseux de son coin d'usine, à l'intérieur de la cabine de son camion, dans l'angle de l'écran de son ordinateur, quand ce n'est pas dedans, sur le mur drabe de son secrétariat beige, elle et lui affichent l'objet des grands fantasmes routiniers. À chacun sa *pin-up*, à chacune son amoureux romantique, le but est de réchauffer l'atmosphère glaciale de notre ennui. Nous nous devons d'arrondir les coins trop carrés de nos vies.

Viennent finalement les vraies photos de vraies personnes. Elles aussi feront l'objet d'un grand et d'un petit culte. C'est la photo de son amour. Se retrouver au mur de la chambre de quelqu'un est encore plus difficile que de simplement y passer une nuit. Passer n'est rien. Être épinglé, c'est autre chose.

« J'ai ta photo dans ma chambre. » La chanson touchait un point sensible, comme c'est très souvent le cas des mauvaises chansons. L'amour non seulement réifie mais il déifie, ce qui revient presque à dire la même chose. Nous devenons objet, nous devenons photo. Fixé sur l'objectif, cloué au mur, il ne nous reste plus qu'à jaunir avec la couche de peinture. Car le temps passe, les goûts aussi. Les idoles connaissent les plus interminables crépuscules. La photo reste accrochée, mais plus personne ne la voit. Et ce n'est que très tard, beaucoup plus tard, que l'être, qui jadis l'avait montée, s'aperçoit de son caractère démodé. Cependant, nous connaissons bien les extrêmes. Les sociétés instables, comme les sujets qui se cherchent, démontent régulièrement les galeries de leurs idoles. Les modes adoptent les courbes du caprice, elles passent en coup de vent, en rafales successives, soulevant et balayant devant elles les photos mortes de nos anciens printemps. À l'inverse, certains portraits s'accrochent pour toujours et résistent aux temps iconoclastes. Ils sont là, immobiles, respectés, mais plus personne ne se souvient du visage de ceux qui les ont tendrement regardés.

BERNARD ARCAND

La photo est une baguette magique qui permet de surmonter certaines contraintes fondamentales de la condition humaine, et notamment de voyager librement dans l'espace comme dans le temps. Elle nous a fait découvrir le côté caché de la lune et contempler des paysages exotiques. La photo nous aide à garder contact avec ceux dont nous sommes temporairement séparés, et aux solitaires qui tolèrent mal la séparation, il suffit de placer une photo de leurs êtres chers sur le coin du bureau, dans un portefeuille ou dans un recoin de sacoche. Entourés de photos, ils se sentent moins seuls.

La photo sert de tapis magique pour survoler le réel. Aucune condition socioéconomique triste ou sordide ne peut lui résister. Chacun peut accrocher à son mur l'image de cette île polynésienne qu'il n'aura jamais les moyens d'atteindre. Le plus ordinaire des citoyens ordinaires peut épingler au-dessus de son lit l'image des super-vedettes de la beauté que le plus ordinaire des citoyens ordinaires risque assez peu de rencontrer. Comme le rêve, la photo fait voyager.

L'effet magique a même raison de la plus radicale des distances. Il n'y a pas si longtemps, il était coutume de préparer, à l'occasion des funérailles, un carton à la mémoire du défunt sur lequel était imprimée sa plus belle photo officielle. « À la douce mémoire de Tancrède, époux de Dame Félicité, décédé le 9 décembre 1934 à l'âge de 81 ans et 4 mois. » C'était la façon courante d'ancrer le souvenir. La mode de ces petits cartons funéraires s'est perdue mais, de nos jours, on continue de publier une photo du cher disparu dans les journaux. Les parents et les amis la conserveront, pour rester proches du défunt. Désormais, Orphée n'a plus à se déplacer.

Selon la même logique, on comprend mieux pourquoi certains gardent près d'eux l'image du Seigneur, de sa croix ou de son cœur ensanglanté, l'image domestiquée d'un Dieu tout-puissant. Ils éprouvent le sentiment de s'en approcher et, du coup, ressentent sa présence. Cela ressemble beaucoup au plaisir de se faire photographier aux côtés d'une célébrité.

SERGE BOUCHARD

La nature est-elle photogénique ? Quel est le meilleur profil de la mer ? Pourquoi l'une est-elle belle sur presque tous ses clichés, pourquoi l'autre n'y arrive-t-elle pas ? Certaines photos de voyage ne sont pas bonnes, d'autres sont fascinantes. La photo est belle, la photo est bonne, la photo est ratée, nul ne sait ce qui s'est passé. Les photographes professionnels sont des artistes qui mitraillent la réalité dans l'espoir de frapper un trésor. Ah ! si l'on pouvait surprendre à son insu la beauté, le moment unique, l'illumination, la qualité des choses, de la lumière, des visages, des décors, si l'on pouvait figer cette fugacité qui nous bouleverse !

Le pouvoir de la photo est énorme. Il évoque, il impressionne, il choque, il documente, il transporte, il émeut. Mais la difficulté de l'art est proportionnelle à sa puissance. Une photo n'est jamais réussie *a priori*. Personne n'a résolu le mystère de la photogénie. Il faudrait que nos yeux soient des Kodak ! Que l'œil de l'appareil soit aussi fin, discret, hypocrite que l'œil humain. Toujours prêt, aux aguets, capable de saisir le moment, de surprendre l'autre qui n'en saura rien, de développer dans le cerveau les plus incroyables images de l'irréalité dans laquelle nous baignons. Et de restituer dans le creux de sa main, à la manière d'un Polaroïd, les plus riches souvenirs de l'imagination de la journée.

BERNARD ARCAND

Comment devient-on photogénique ? Qu'est-ce qui mérite d'être photographié ?

Éliminons d'abord le laid. Hormis certains artistes étrangement attirés par le hideux, peu de gens se préoccupent de photographier les laideurs de l'existence banale, ce qui élimine les paysages ennuyeux, les activités sans relief et les personnages insignifiants. Rares sont ceux qui se photographient en train de manger un bol de céréales ou de faire du repassage. Rares sont les photos prises le long de l'autoroute 20 ou celles qui captent la splendeur de l'horizon nocturne de Sorel. Rares sont les photos de son conseiller financier ou de son funeste voisin.

C'est dire que la photo représente un privilège qui doit être mérité. Photographier une personne, c'est affirmer qu'elle nous intéresse. Ou peut-être s'agit-il de marquer un rite de passage, une naissance, un mariage, la remise des diplômes, des vacances bien méritées. Chacun de ces choix est hautement personnel, car vos êtres chers risquent peu d'être les miens, je n'étais pas à votre mariage et vos enfants sont moins fins que les miens. Sur les photos que je conserve apparaissent des parents à moi et des amis à moi, parfois moi-même, c'est-à-dire des individus que je connais personnellement. Dans certains cas, je me souviens très précisément des circonstances dans lesquelles l'instantané a été pris et je pourrais l'allonger de quelques anecdotes. Il s'agit là de ma collection très privée.

Pourtant, nous photographions tous, inlassablement, les mêmes scènes. Tous les amateurs se laissent guider par des normes non écrites et saisissent les mêmes détails répétitifs des grands rituels immuables. Nous avons appris que certains moments sont particulièrement photogéniques : l'arrivée de la mariée, le couteau tranchant le gâteau, le baiser rituel, le départ des mariés. Dans d'autres situations, l'abstention serait inacceptable : il faut être franchement sans cœur pour ne faire aucune photo d'un nouveau-né, il faut vouloir se marier très discrètement pour le faire sans photographe.

Nous traversons la vie avec un appareil à portée de la main. À la manière de ces autoroutes le long desquelles le ministère des Transports plante des écriteaux indiquant aux touristes (qui ne partiraient jamais en voyage sans leur appareil photo) qu'ils s'approchent d'un site exceptionnel méritant une photo-souvenir, la vie est balisée par une série de photos. Nos albums, minces ou volumineux, témoignent de la qualité du voyage. Comme le touriste qui se réjouit d'avoir visité autant de sites dignes d'être photographiés, une belle collection de photos est la preuve d'une vie longue et remplie d'événements excitants. Ces images accumulées nous rassurent chaque fois que nous effleure le sentiment incontournable de l'ennui et de la platitude de notre existence.

SERGE BOUCHARD

Nous vivons tous dans l'obscurité et nous croyons volontiers que le flash nous fait sortir de l'ombre. D'où ce lien entre la photo et la célébrité. Que valons-nous sans une photo de nous ? Toutefois, rien ne s'éclaire aussi facilement. Nous sommes des ombres et nous appartenons à l'ombre. La photo nous le démontre absolument. Cette boîte noire, cette *camera obscura* ne nous éclaire en rien. Elle saisit un reflet et nous entraîne dans une chambre sans lumière aucune. La chose se vérifie d'autant que l'être humain n'est jamais aussi anonyme que sur les photos qui sont censées le montrer sous son meilleur jour. Il est tant de belles filles, il est tant de beaux gars, il est tant de familles et de photos de soi, de ses voyages et de ses biens que tout cela se perd dans un magma de clichés. Les photos sont toujours pareilles. C'est une façon bien effacée de voir le monde.

BERNARD ARCAND

Qui n'a pas visité une dame âgée habitant un foyer d'accueil, l'une de ces veuves qui, appuyées par les statistiques, survivent sept ou huit ans à leur époux? Nous avons tous noté que ces dames ont l'habitude de conserver près d'elles, sur un mur ou une tablette, la photo de celui qu'elles appellent désormais leur « défunt mari », afin de préserver la mémoire de celui qui fut, durant tant d'années, une part essentielle de leur vie.

Les lecteurs de journaux voient chaque jour dans leur quotidien favori, dans une section très marginale, des photos de saints, d'anciens papes ou d'obscurs bienheureux qu'un fidèle anonyme remercie « pour faveur obtenue, avec promesse de publier », comme le veut la formule consacrée. Mais il est interdit de publier là une photo du président de son syndicat ou celle d'une récente maîtresse. La reconnaissance doit préserver la dignité due aux miracles. Car il s'agit d'un culte, d'un hommage pieux rendu à une personnalité exceptionnelle et influente.

Pour les veuves des foyers d'accueil, la photo de leur défunt mari prend valeur de souvenir sacralisé et cette photo qui suscite leur affection poursuit la grande tradition de la relique, ce fragment du corps, ce bout d'ossement qui perpétuait la réalité de Bouddha, de la bonne sainte Anne ou de saint Christophe. Grâce à la photo, nous disposons de nouveaux moyens de concrétiser notre attachement à un vestige du passé. L'effet sera le même mais, comme autrefois, il faut avoir la foi et beaucoup prier.

SERGE BOUCHARD

Comme tout le monde, mon père prenait des photos. Mais il les prenait comme personne. D'aucuns l'auraient déclaré « dérangé » tant ses sujets étaient inhabituels. Mais moi, je vais en sens inverse, pour des raisons d'amour filial, certes, mais aussi parce que je reconnais la richesse de son regard sur le monde. Il n'était pas dérangé, mon père, même si son dossier est lourd. Dans sa collection, nous avons trouvé des photos surprenantes : des plaques de commutateur sur le mur, son téléviseur, vu de face, vu de côté, des plaques d'immatriculation, des inconnus qu'il interpellait sur le trottoir, à qui il demandait la permission de les prendre en photo, des oiseaux invisibles sur des terrains vagues, lui-même sur un lit d'hôpital, des camions municipaux, la trace d'un réacté dans le ciel, un poisson mort sur les pierres, des portes de chambre, des chaises vides, des billets non gagnants de Loto-Québec. Dans son cas, l'appareil photo travaillait tout seul, comme un regard naturel et naïf sur le monde.

Cet homme ne s'ennuyait jamais. Tout lui disait quelque chose. Il donnait du relief aux paysages plats. Il essayait de palper le rien, d'occuper le néant. Son discours accompagnait ses clichés. Il les tenait pour aussi vides que la plus grande des vérités. Parlez d'un héritage !

BERNARD ARCAND

Peut-être avez-vous déjà pu observer de près un jeune homme amoureux. Un garçon de dix-sept ans qui vient de rencontrer la créature idéale et qui en perd les pédales. On le voit passer des heures au téléphone, ou simplement dans la lune, le regard flou et le sourire béat. Sa concentration sur les autres choses de la vie s'en trouve réduite au minimum ; rien d'étranger à lui ne l'intéresse. Ses proches en sont conscients : le garçon ne porte plus à terre, il flotte sur un nuage. C'est le parfait amour-passion, celui qui possède le pouvoir de marquer une vie entière, celui que plusieurs espèrent et dont certains se méfient.

Les amoureux se croient seuls au monde et quittent l'espace ordinaire de la vie sociale bien tempérée pour un monde autonome où il n'y a plus qu'eux deux. Les amoureux nous abandonnent pour s'adonner à leur passion. Les amoureux sont des impolis.

Le jeune homme amoureux entre dans le monde altéré de l'euphorie. Au-delà de cette frontière, tous ses sens s'aiguisent : la lumière du matin est plus belle, les fruits goûtent meilleur, il perçoit pour la première fois les battements d'ailes de la libellule. Il vit ainsi une expérience absolue. Et fait des photos. Des photos d'elle. De belles photos d'elle. Elle sur un rocher. Elle sur une balançoire. Elle qui rit. Elle qui se cache le visage dans ses mitaines. Elle la tête en bas. Elle toute nue. Elle qui dort. Elle qui boude.

L'amour fou est un cadeau du ciel. Dans le déroulement prévisible de la vie coutumière, c'est une halte, l'étale du courant du destin. L'amour-passion laisse l'impression que le temps suspend son vol. Et tous les amoureux souhaiteraient que cet instant magique de bonheur parfait ne prenne jamais fin. Leur plus grand désir serait de voir le temps se figer, et c'est pourquoi ils n'ont rien de plus pressé que d'agripper leur appareil photo et de photographier leur bonheur. C'est la seule façon fiable de faire durer la passion.

SERGE BOUCHARD

Qui n'a pas fait partie d'un groupe ? Nous faisons tous, un jour ou l'autre, partie d'un groupe dans notre vie. Souvent, cela s'appelle notre passé. Les groupes sont des blocs, des étapes de notre vie, des marches descendues ou des marches montées. La première fois que je fus photographié en groupe, c'était avec mon petit frère, ma jolie petite sœur et mon grand frère. La marmaille posait pour la postérité et la mère montrait fièrement ses petits. Regardez-les, ils vont grandir ! Puis vint la photo de la classe de première année, celle de la deuxième, de la troisième, ainsi de suite, où l'on voit la détérioration graduelle de la bonne humeur naïve des êtres humains qui mûrissent. Je conserve la photo de mon équipe pee-wee, dans l'uniforme des Maple Leafs de Toronto. Je me souviens que nous étions tous tristes car nous n'étions pas bons. En belles-lettres déjà, la photo de classe montre une assemblée de personnages fortement engagés sur la voie de leur destin. Les êtres se distinguent, ils sont complexes, ils refusent quasiment d'être photographiés. Puis il y a mon équipe de football, à l'école de l'honneur, de la violence et de l'orgueil tribal. Et c'est à peu près tout. La vie, de nos jours, isole énormément les êtres ; la famille et la tribu ne sont plus à la mode.

Je regarde mes photos de groupe d'un drôle d'œil. Je serais bien resté petit toute ma vie, si on m'en avait laissé le choix. Gardien de but pee-wee. J'étais heureux avec mes frères de classe, dans l'uniforme d'une équipe, unité du temps, unité du lieu, éternité du but. Les photos de groupe illustrent presque toujours l'aspect dérisoire des valeurs intenses qui nous unissaient.

BERNARD ARCAND

Peu de choses dans la vie sont aussi accablantes que de devoir regarder les photos de voyage d'un couple sans imagination. Nous en avons probablement tous fait la triste expérience. Par contre, nous avons peu porté attention au fait que nous trouvons plaisir à regarder des photos tout aussi banales pourvu qu'elles soient produites par des amis. Il semble que les honnêtes photos montrées par des gens que nous connaissons à peine nous fassent bâiller, mais que les images plates et les enfants insignifiants de nos amis nous passionnent sincèrement.

En d'autres termes, bien qu'elle soit objet de collection privée et source de plaisir solitaire, la photographie demeure un produit social. Une photo ne parle pas d'elle-même et elle ne vaut pas mille mots. Les photos de gens à qui nous n'avons jamais parlé ne nous disent rien, alors que les mêmes banalités venues de nos amis atteignent une profondeur que les autres ne peuvent pas soupçonner.

SERGE BOUCHARD

Dieu seul sait combien l'humanité a négocié avec son double. La photo confirme qu'il fallait se méfier. Le double copie l'original. La multiplication des copies s'avère un des phénomènes les plus renversants des temps modernes. Nous sommes à l'ère de la photocopie. L'original se perd quand les copies sont meilleures que l'original. Nous ne sommes qu'un déclencheur dans la galaxie des doubles. Nous voulons tous le deux du un. Au registre de la photographie, nous nous reproduisons dangereusement. Il y a des millions et des millions de photos. Nous sommes une espèce en voie continue de développement. Et voilà que la pharmacie nous offre des doubles. Pour un prix dérisoire. Un jour, nous croulerons sous le poids des albums et le négatif l'emportera sur le positif.

Mais alors, attention. Les archéologues extraterrestres qui fouilleront les montagnes de photos, de doubles et de triples collections, nous décriront comme des intelligences aux yeux rouges, aux rictus surprenants, enracinées devant des monuments, plantées sur des plages de sable blanc, des êtres obsédés par leur double. Faut-il qu'ils se soient appréciés pour s'être tant photocopiés !

*   *   *

Demain, au centre de la patinoire, les joueurs du Canadien de Montréal se réunissent. Ils porteront des uniformes neufs, la couleur rouge sera à l'honneur, chacun sourira, c'est la photo officielle de l'équipe. Respectons la tradition, les murs sont ornés des photos de chacune des équipes, année après année, depuis 1926.

Demain, la famille se rend chez le photographe en habit du dimanche. C'est la photo officielle de la famille. Le père, la mère et les petits, le chien de la famille, tous ensemble pour la postérité, le clan sera photographié dans un décor préfabriqué.

Demain, nous lançons le *Titanic*. Tous les ouvriers, ils sont des milliers, sont convoqués sur les quais. C'est la photo officielle, la gloire du chantier. Les humains se regroupent autour de leur ouvrage, ils posent fièrement devant ce nouveau boeing que l'on vient d'achever, devant ce trois milliardième hamburger que l'on vient de servir.

Nous sommes les combattants de la liberté. Y a-t-il un appareil photo dans la salle?

Nous sommes les vainqueurs du tournoi de bowling. Je suis l'employé du mois.

BERNARD ARCAND

Il existe une photo particulièrement mal aimée. Je veux parler de la photo de passeport. Celle qui n'est jamais bonne ni satisfaisante. Celle que l'on hésite à montrer à qui n'est pas douanier. Certaines personnes cachent précieusement leur passeport par crainte de se le faire voler, d'autres ont peur de révéler leur âge ou leur véritable identité, mais toutes ressentent au moins un léger malaise devant une photo qui leur paraît laide, dévalorisante, peu représentative et franchement injuste. Toutes les excuses se valent: cheveux trop longs, yeux rougis par la fatigue, lendemain de party, appareil démodé, centre commercial, pâleur artificielle, flash aveuglant, tout y passe. Même les grands patriotes qui vénèrent leur passeport, qui le serrent sur leur cœur ou le brandissent à bout de bras dans les rassemblements préréférendaires, même eux n'apprécient guère leur tête sur la photo du passeport en question.

Pourtant, ces photos officielles ne sont pas si exécrables. Forcément, elles sont un tantinet monotones, banales, et donc peu originales. Bien sûr, l'histoire de l'art retient rarement le nom des photographes spécialisés dans les photos de passeport. Mais ces photos ne sont quand même pas repoussantes au point de justifier cette hargne populaire. Il doit y avoir d'autres raisons.

Revenons à la case départ. L'une des fonctions élémentaires de la photographie consiste à transformer un sujet en objet. Par simple déclic, une personne humaine se métamorphose en une image fixe, une représentation désormais immuable. Cette photo fournira une définition précise de la personne et les gens diront en la voyant : « Regardez, c'est elle ! »

Les amateurs de définitions claires et de jugements limpides sont justement ceux qui photographient sans réserve. La police prend beaucoup de photos. Les autorités coloniales ont fait largement usage de la photographie. C'est une extension du pouvoir de s'approprier le monde, du pouvoir de le définir et de le montrer dans ce qu'il a de plus significatif. C'est d'ailleurs ce qui nous a valu les grands stéréotypes des photos anciennes : le Mexicain coiffé d'un large sombrero, le Hollandais à bicyclette, l'Amérindien pipe à la main et couverture sur l'épaule avec, en arrière-plan, deux tipis et quelques chevaux paisibles. Mais revenons aux photos de passeport. Ce n'est pas la photo elle-même qui fait problème. On l'a dit, cette photo n'est jamais aussi affreuse que le dit le détenteur du passeport. Il s'agit plutôt d'une résistance de l'individu à l'image qui a l'audace de le définir officiellement. L'État s'attribue le droit de fournir au monde entier une représentation précise de chaque personne, mais le citoyen, qui a dû prendre un numéro et faire la queue au moins deux fois avant d'obtenir son passeport, le citoyen, frustré de se voir réduit à sa plus simple expression, résiste et jamais on ne lui fera aimer sa photo de passeport. Il vaut mieux que ça. D'ailleurs, on comprend son irritation en voyant sur la même page du passeport, juste à côté de la photo, une série de chiffres : le détenteur du passeport a été photographié, fiché et numéroté, il a l'air d'un prisonnier. Le gouvernement est au courant. Le citoyen s'en doute et sa mauvaise humeur est une tentative d'évasion.

*   *   *

Je n'ai jamais vu le petit oiseau sortir ! Jeune, chaque fois qu'un appareil photo était pointé sur moi, j'entendais le même conseil : « Attention, surveille, le petit oiseau va sortir ! » Si j'en juge par les photos de l'époque, le mot d'ordre me convainquait, car je fixais la lentille, fasciné et quelque peu inquiet, tout à fait prêt à accueillir le petit volatile annoncé. Le résultat, parfaitement prévisible, c'était d'agréables photos d'enfant attentif qui attend la merveille. Pourtant, le petit oiseau n'est jamais sorti et alors j'ai compris que la photographie est un mensonge.

Les photographes de mon enfance ont fait de moi des images, mais elles montrent avant tout ces instants précis où le propriétaire d'un appareil photo me trouvait intéressant. C'est le photographe qui appuyait sur le déclic et qui décidait quel regard, quelle expression ou quel geste méritait de me résumer pour la postérité. Un sourire ou une grimace éphémères captés par un photographe réjoui. Je n'ai certainement pas consacré ma jeunesse aux sourires et aux grimaces.

C'est en se laissant photographier que l'on devient une image de soi-même, l'ombre de soi-même. Pas étonnant que tant d'enfants décident d'imiter le petit oiseau et refusent de sortir.

* * *

Les journaux sérieux, *Le Monde*, le *Financial Times* ou le *Washington Post*, publient très peu de photos. Tandis que le *Sun*, *Paris Match* et *Allô Police* en font grand usage. Les premiers s'adressent aux intellectuels, les seconds aux prolétaires. Mais pourtant, la photo appelle une interprétation et donc sollicite l'intelligence, alors que l'éditorial explique tout de suite ce qu'il faudrait penser.

III

LA PELOUSE

Inutile d'insister, tous savent que les architectes, urbanistes et aménageurs en tous genres aiment les pelouses. Et l'on comprend facilement pourquoi. Experts en aménagement de l'espace, ils ne peuvent qu'apprécier la bonne volonté du gazon qui se prête admirablement à leurs travaux et exercices, comme un véritable virtuose de l'aménagement bien tempéré.

L'espace consacré à la pelouse subit un aménagement à la fois horizontal et vertical.

Sur le plan horizontal, le gazon offre un bel exemple du fanatisme des frontières. D'un côté, le gazon est entretenu, nourri et engraissé, tondu et déchaumé, cajolé et chouchouté comme un bébé chéri. Mais de l'autre côté de la frontière, quatre centimètres plus loin, dans l'entrée du garage, ce même gazon sera attaqué, arraché, empoisonné et extirpé comme un intrus. Hors de la pelouse tondue point de salut. Le gazon désordonné sera harcelé sans répit, exactement comme la mauvaise herbe qui aurait eu la très fâcheuse idée de pousser au milieu de la pelouse.

Il en est de même pour l'attribution du droit de fouler le gazon. La pelouse est une extension de la maison : les humains y ont droit, accompagnés de leurs animaux domestiques. Les bêtes de salon, minous et toutous, sont généralement admises sur la pelouse, mais les animaux de ferme, poulets, veaux, vaches ou cochons, n'y sont jamais tolérés. Quant aux vrais sauvages, les bêtes féroces et les animaux exotiques, ils auraient l'air totalement hors contexte sur une pelouse bien entretenue.

Signalons toutefois une exception peu raisonnable, le cheval, animal énorme et primitif, que certaines écuyères confondent avec une petite bête de compagnie. Par pure déraison, les amoureux du cheval lui proposent des sauteries ou du dressage sur gazon, certains lui imposent même des matchs de polo. Pour l'amateur de pelouse, c'est une désolation. Le cheval est lourd et ses sabots ont l'effet d'un coup de fer 7 dans une allée de golf mouillée. D'ailleurs, pour le bien-être de nos pelouses, les amateurs d'équitation devraient, comme les golfeurs, être tenus de réparer les blessures qu'ils infligent au gazon.

Sur un plan horizontal élargi, on note également une répartition précise de la pelouse dans l'espace régional. C'est sans doute elle qui marque le mieux les distinctions entre le monde urbain, sa banlieue et la campagne. Dans la région de Montréal, la pelouse a même obtenu son propre indicatif régional : le 450, couvrant précisément le territoire où l'on rencontre la plus forte concentration de tondeuses par tête de la nation. Cette ceinture verte encercle la région plus urbaine, le 514, où les pelouses sont le plus souvent publiques, autorisées, contrôlées et surveillées. En zone 514, les gazons constituent des petites oasis de verdure dans un univers d'asphalte et de béton, un casse-tête de toits de maisons et de toits d'automobiles, avec des millions de kilomètres de fils. Au-delà de la banlieue, enfin, sous les indicatifs 819 ou 613, la pelouse devient éparse, les champs et la forêt prennent le dessus. On imagine mal tondre la steppe ou déchaumer la savane. L'espace horizontal est bien ordonné, chaque chose est à sa place et les spécialistes en aménagement, admiratifs, sont contents.

La pelouse joue ainsi le rôle de frontière entre le cru sauvage de la friche et le cuit civilisé et construit. D'un côté, la sauvagerie de la campagne habitée par les barbares, de l'autre, la ville civilisée et souvent violente. Entre les deux, la précieuse pelouse. Celle qui me protège et qui définit la frontière essentielle entre chez moi et chez lui.

S'il se peut, l'aménagement de l'espace paraît encore plus précis et minutieux sur le plan vertical.

D'abord, on sait depuis cinq siècles que le haut et le bas importent beaucoup. Les tondeuses de qualité offrent un choix de trois, quatre, voire cinq réglages de tonte dont la taille se mesure en millimètres. Et les passionnés de golf savent que la tonte quotidienne et microscopique des verts peut se transformer en obsession. Sur la pelouse, un centimètre trop bas et vous arrachez tout, un centimètre trop haut et vous avez l'air fou. Devant votre porte, un gazon trop long sera interprété comme un signe de négligence, l'indice d'une surcharge de travail, d'une maladie passagère ou d'un deuil familial. Pis encore, une preuve de paresse. La pelouse est un véritable champ du signe.

Au-dessus du gazon, il y a nous, d'abord, puis nos meubles de parterre, quelques outils, parfois des jeux, carré de sable ou croquet, parfois une piscine, parfois un cabanon. On y voit aussi nos animaux domestiques, le chat du voisin, quelques écureuils effrontés et tous ces oiseaux plus ou moins migrateurs que l'on attire sur la pelouse à coup de graines de tournesol. Tout cela semble normal, prévu, coutumier.

C'est plutôt sous la pelouse que le plan vertical devient intéressant. Car il faut le dire tout de suite, les amateurs de gazon sont à peu près tous des partisans de la terre plate. Ils ont même inventé de lourds rouleaux qui nivellent et tassent le sol et sa pelouse. Pourtant, tout biologiste confirmerait que c'est en dessous que la vie bat : mulots et musaraignes, vers, pucerons, fourmis, marmottes. Même les guêpes y font parfois leur nid. Des millions de lombrics et d'insectes divers grouillent et groupillent sous la pelouse. Les humains ont fortement tendance à les traiter comme des ennemis du gazon, à coup de pesticides et autres poisons.

De loin, on dirait des prisonniers qui cherchent à s'évader. Comme si la pelouse nous servait de paroi protectrice contre les bibittes du sous-sol qui pourraient venir nous chatouiller les orteils. De la même manière que les films d'horreur montrent ce qui se passe réellement dans les sous-sols des banlieues apparemment paisibles, de même nous savons tous qu'une menace sourde se cache sous la patine apparente de la pelouse uniforme. Le gazon est une protection. C'est ce qu'on appelle balayer ses inquiétudes sous le tapis. Pas étonnant que l'on insiste pour gazonner les cimetières.

SERGE BOUCHARD

Le gazon appartient à l'univers du Nouveau Monde. À nouvelle société, nouvelle nature. L'aigle des Américains est emprunté à l'imaginaire des Romains. Je crois avec d'autres que l'Empire romain s'est réincarné dans le pouvoir américain. Les empires déclinent, vieillissent, disparaissent mais finalement, ils ne meurent pas. Une graine d'empire a traversé l'océan, cachée au fond des rêves utopiques des futurs Américains. Le gazon réclame son origine en Europe mais c'est bel et bien en Amérique qu'il donnera sa pleine mesure.

Au nord des États-Unis, nous trouvons un pays qui a pour nom le Canada. Son emblème animal ne fait pas référence à l'aigle de César, loin de là. Le Canada n'a pas d'ambitions impériales. Nous nous inspirons plutôt du castor, un rongeur qui a connu ses heures de gloire mais dont l'étoile est bien pâle ces temps-ci. Notre emblème nous confine à des rêves de petits travaux obstinés et ingrats. Le castor dévalué, c'est quasiment un rat musqué. Chacun a le symbole qu'il peut. Qui ne remarque pas le déficit dans le cours de l'échange de nos emblèmes respectifs ? Le petit castor patauge dans sa mare et travaille comme un désespéré pour seulement colmater les brèches du destin. Tandis que l'aigle plane sans effort au-dessus de l'univers.

Cependant, l'aigle à tête blanche et l'humble castor sont ensemble surpassés par un oiseau qui nous réunit tous, Canadiens et Américains, dans une sorte d'amour frénétique du gazon. Je veux parler du merle américain, le robin, notre rougegorge à nous. Voilà l'espèce qui aura le plus profité de la prolifération des surfaces gazonnées en Amérique du Nord et je proposerais que ce soit lui, le merle, qui devienne le symbole commun canado-américain, ce qui aurait pour effet d'effacer le déficit symbolique qui sépare nos deux pays. Le merle et le lombric font la paire sur les pelouses arrosées. Le ver refait surface quand la surface est mouillée. Là, le merle l'attend qui en bouffe tant et tant. Il paraît que les lombrics sont excellents pour la santé. C'est qu'ils sont nombreux, les vers sous la terre. Il doit bien se trouver un biologiste dans une université américaine, illinoise ou wisconsinienne, pour les avoir comptés. Mais, à défaut d'Internet et n'ayant pas consulté le site « Lombric », j'avoue en ignorer le nombre. Quant au merle, il n'a cessé d'accroître ses territoires et sa population depuis une centaine d'années. Il doit son bonheur au gazon des humains, l'herbe tondue étant pour lui un terrain de chasse privilégié. Si bien que l'on peut affirmer que plus il y aura de gazon, plus il y aura de merles. Oui, le merle est au gazon ce que la mouette est à la mer.

Le gazon est un monde rempli de mystères, un océan de verdure qui attend son Cousteau. Les merles s'accouplent pour la vie et ils reviennent au nord dans la première semaine d'avril en retrouvant souvent le même nid. Leurs territoires se distribuent en terrains familiaux. En un mot, les merles reconnaissent leurs propres bungalows. Ils en ont un au Canada, un autre aux États. Les merles voyagent en groupe au temps des grandes migrations. Ils se réunissent dans le champ d'un cultivateur de gazon de première qualité, aux environs de Lacolle, près de la frontière américaine. Cette réunion annuelle, qui fait converger en un seul endroit des millions et des millions de merles, se tient la nuit et le lieu précis reste un secret qui ne demande qu'à être dévoilé par les nouveaux explorateurs qui sévissent à la télé. Pour se rendre dans le sud des États-Unis, ils suivent un autobus Greyhound qu'ils ne risquent pas de perdre de vue, le voyant du haut des airs parcourir en longueur l'interminable route gazonnée qui va de Rivière-du-Loup à Miami.

Car, aux premières neiges, le merle se retire vers le sud, là où l'herbe passe l'hiver sous le soleil et où les lombrics sont bronzés. Précisons ici que les lombrics ne migrent pas. Le voyage sous la terre serait évidemment trop long. Mais nous supposons que le lombric du Québec entretient malgré tout des rêves de terre chaude.

Je voudrais bien que le robin, ce bel oiseau, représente les deux pays. Mais il y a toujours un hic. Ce rouge-gorge unique et remarquable ne s'appelle-t-il pas merle américain? Ce qui, quand on y pense, nous ramène au point de départ : dans ces échanges symboliques, ce sont eux les merles, et nous sommes les lombrics. Décidément, l'herbe est toujours plus verte chez le voisin.

BERNARD ARCAND

La pelouse est affaire de rigueur, de minutie et de discipline. Les grandes institutions modèles en prennent un soin attentif et les fourmis l'adorent, elles-mêmes disciples du fanatisme de la réglementation industrielle.

Tout cela pourrait devenir un peu inquiétant. La plupart des pelouses ressemblent à une coupe de cheveux en brosse directement issue des années 1950. Notez qu'il n'y a jamais eu de pelouse à cheveux longs comme dans les années psychédéliques. Et encore moins de gazon punk, pointu, hérissé et violet. Pas davantage de gazon actuel rasé comme un bol au ras du sol. Comme si la mode pelouse avait été fixée une fois pour toutes dans les années 1950 sous la forme d'une coupe qui, de nos jours, n'est populaire qu'à Valcartier, Farhnam, San Diego et Toulon. C'est le genre de nivellement par le bas qui convient admirablement aux uniformes de la marine et aux agents de sécurité. Les armées ont toujours préféré le rase-mottes.

Le propriétaire satisfait est heureux sur sa pelouse. Le banlieusard se réjouit en quittant sa terrasse pour mettre le pied sur son gazon tondu comme un Red Neck. Le citadin se trouve privilégié d'entretenir la pelouse, au pied carré, la plus chère du monde.

Il y a là un sentiment de puissance difficile à dissimuler. Sur une pelouse bien tondue, l'homme se croit invincible. Même les fesses à l'air sur son gazon, il se sent pleinement maître de son monde. Les plus ambitieux rêvent qu'ils sont sur le point de signer un traité dans la cour arrière de la Maison-Blanche. Les plus modestes se rassurent en songeant que là, au moins, ils ne risquent pas de se faire couper l'herbe sous le pied.

Dans un monde qui a séparé le public et le privé, en faisant du public la jungle des lois du marché et du privé le lieu le plus intime où chacun se sent vulnérable, il fallait inventer l'intermédiaire par excellence : la pelouse où tous deviennent intouchables.

SERGE BOUCHARD

Dans le système de c1256, qui est un soleil à l'autre bout de notre Voie lactée, se trouve une planète de la taille de la Terre. Ce corps céleste affiche une couleur verte en raison de sa surface entièrement recouverte du plus beau gazon qui se puisse imaginer. Cela donne une grosse boule de gazon. Vue de très loin dans l'espace, elle pourrait bien passer pour un granule de moisissure, mais ce n'est pas le cas. Dans ce monde excentrique, la pluie tombe très souvent et cette immense surface gazonnée ne souffre jamais de sécheresse. La lumière abonde, puisque rien n'existe qui pourrait créer de l'ombre. Inutile de chercher des mers, des lacs, des océans ou des rivières. L'eau se réfugie et circule sous la terre, sous le gazon, pourrions-nous dire, et cette planète spongieuse est finalement assez humide. Nous parlons là du cercle idéal, une planète parfaitement ronde, sans anfractuosités, sans aspérités.

La planète gazon est habitée exclusivement par des moutons. Ces derniers ont survécu à toutes les autres espèces. Les vaches ont bien essayé de s'adapter au paradis du pâturage mais, trop lourdes, elles se sont enfoncées dans ces sols moelleux. Les aigles ne trouvaient pas d'arbres pour nicher, les ours pas de grottes pour dormir, les singes pas de branches où grimper, les renards pas de boisés pour se cacher. Les lions se sont essoufflés à courir après des proies qui les voyaient venir deux jours à l'avance. Et ainsi de suite, ce qui fait que les moutons proliférèrent au détriment de toutes les autres formes de vie. La planète tout entière est un immense repas pour dix milliards de moutons qui broutent à longueur de journée. Ce monde évolue sans mémoire, sans histoire. Personne ne sait où sont passés les bergers. Mais la rumeur veut qu'ils se soient endormis pour toujours. Ils n'avaient rien à surveiller.

Comment voulez-vous voir les choses autrement? La description de ce monde extraterrestre tiendrait en quelques lignes. Il n'y a rien à cartographier : une boule verte, uniforme, sans accidents de terrain. Il suffit de la dessiner dans sa perfection de sphère et le tour est joué. Pour compléter ce court rapport d'expédition, il ne reste qu'à compter les moutons !

BERNARD ARCAND

Certains observateurs attentifs prétendent connaître le langage des fleurs. D'autres parlent aux arbres ou écoutent le vent qui souffle dans les feuilles. Les Japonais méditent en contemplant une pierre. Certains admirent le reflet de leur propre image à la surface d'un étang. Mais personne ne fait la conversation au gazon. On ne jase pas avec l'herbe. On ne discute pas avec sa pelouse. Certains esprits chagrins peuvent parfois avoir envie de l'engueuler, mais en général les dialogues avec le gazon ont très peu inspiré les poètes et les philosophes. Il serait bon d'expliquer ce silence.

J'ai déjà dit, ailleurs, que le gazon était social-démocrate. Mis en place par une monarchie qui se croyait de droit divin et tout à fait absolue, la pelouse fut une grossière erreur politique, car elle préfigurait la révolte des masses anonymes et de tous les humbles dont le rôle dans la vie est de fournir le soutien dont les vedettes ont besoin. Or le gazon demeure toujours modeste. Il est au service des autres : il entoure et met en relief les fleurs et les beaux arbres ; il permet aux autres de s'amuser dans la pratique des sports, du croquet jusqu'au boulingrin ; il accueille les déjeuners sur l'herbe, habillés ou tout nus ; de la maison, il fait le tour pour la faire ressortir. Bref, il laisse parler les autres. Comme un fidèle domestique. Apparemment, il n'a rien à dire.

Pour certains, ce rôle est méritoire. On pourrait en tirer une leçon de solidarité, dans la mesure où chaque brin d'herbe fait un bel effort pour se tenir droit, puis se porte volontaire pour remplacer le brin voisin qui défaille. Les forces armées et les républiques socialistes démocratiques devraient inscrire une motte de gazon sur leur emblème. La pelouse offre l'image d'une société tricotée aussi serré qu'un immense tapis de verdure. Et l'on comprend l'irrésistible attrait de l'étalement urbain : mégalomanes dans l'âme, les banlieusards s'offrent, chacun, un petit Versailles et un tapis de domestiques.

Malheureusement, la vérité n'est pas si réjouissante. Je vais vous confier un secret connu de tous. Dans la vie de tous les jours, personne ne discute avec le gazon et la pelouse n'inspire pas grand-monde, tout simplement parce qu'ils sont prodigieusement ennuyeux. La servilité, l'ordre et la discipline semblent avoir totalement tari l'imagination de cette graminée programmée il y a des millions d'années pour pousser haute et fière. Le gazon n'a plus rien à dire, le gazon est un vaincu, un conquis. La tondeuse lui a coupé l'ambition et tout sens de l'humour. Certains comiques, virtuoses de la coupe, font parfois un effort pour le tondre en créant des motifs, lignes droites, losanges, cercles ou carrés, mais rien n'y fait, ces plaisanteries ne peuvent être que passagères, demain il faudra tout retondre au complet.

On dit parfois « bête à manger du foin », ce qui n'est vraiment pas fin. Mais il faut aller plus loin et imaginer la bêtise du foin lui-même : « bête comme le foin, bête comme une pelouse ». Que les insomniaques se le disent, inutile de compter les moutons, il y a mieux : compter les brins d'un gazon.

SERGE BOUCHARD

Qu'est-ce qu'un brin ? Jaser un brin, être un brin amoureux, j'en prendrais bien un brin, un brin d'humour, un brin de tristesse, un brin d'ivresse, cela nous donne beaucoup de sortes de brins pour un seul brin de paille et un petit brin d'herbe. Le gazon, c'est un peu de l'herbe, pas de la vraie herbe mais presque de l'herbe.

Nous sommes un brin de société. Et nous évoluons en conséquence. Dans le mot brin se cachent mille images et des idées. Le dictionnaire parle de la partie d'un tout, un morceau mince et effilé ; petitesse des parties, minceur des morceaux, voilà que nous tenons un brin du tout. N'être qu'une partie de ce que nous pourrions être, cela ne rassure pas vraiment. Être un brin, c'est être amputé, comme ce gazon que l'on coupe pour que jamais il ne soit entier.

Le brin d'herbe se voit nier le droit d'être brindille. Comme ce beau brin de fille à qui l'on interdit d'être une vraie femme, ce brin de fille que l'on condamne à la minceur. Pourquoi faut-il que les canons arbitraires de la beauté en soient venus à ne reposer que sur l'impossibilité de grandir ?

Soyons clairs : le drame du gazon, c'est qu'il ne grandira jamais. Il ne deviendra jamais ce qu'il est vraiment. Si j'étais une belle fille, je serais furieuse qu'on me traite comme un brin.

Si le gazon avait conscience du traitement qu'on lui impose, il se révolterait sûrement. Il se mettrait à pousser follement, ne serait-ce que pour atteindre la hauteur du vent.

Non, vraiment, il n'y a rien de drôle à être un brin quand nos rêves nous imposent d'être toujours plus grands.

BERNARD ARCAND

J'ai déjà cru, j'ai même autrefois écrit, que le gazon représentait un sommet de culture et de civilisation ; que l'invention de la pelouse offrait la preuve irréfutable d'une grande victoire de l'homme sur la nature sauvage ; que l'Amérique était devenue la première puissance mondiale au moment précis où elle s'est mise à multiplier les golfs et les grandes pelouses ; en somme, que nous avons réussi un jour à couper au ras du sol les hautes herbes de la préhistoire et que c'est à cet instant-là que nous avons compris que nous étions destinés à devenir les maîtres du monde. Debout ou assis sur l'herbe, étendus ou couchés sur l'herbe, nous avons enfin mis la nature à nos pieds. Combien ridicule serait le félin qui croirait nous surprendre en rampant sur une pelouse.

Aujourd'hui, je comprends mieux à quel point c'était là une vision de jeunesse, un peu naïve et certainement incomplète. Que la pelouse soit un triomphe de la culture contre la nature, soit. Mais j'avais totalement négligé la vigueur et la puissance de la nature humaine.

Une nature humaine qui incite à se méfier du gazon. Car nous ne sommes pas si serviles que cela, nous refusons parfois les contraintes, nous savons résister à la domination des mauvaises formes. J'en arrive donc aujourd'hui à la conviction qu'il appartient à la structure profonde de l'esprit humain de vouloir échapper aux lois de la pelouse. Nous possédons tous la capacité innée de ne pas obéir bêtement à un aménagement du territoire qui vise avant tout à créer un espace ayant l'air propre et charmant. Il y a des choses plus urgentes dans la vie !

Certes, s'il s'agit d'un parc où l'on fait une promenade sans but précis, il peut être commode de suivre les méandres des sentiers sans marcher sur le gazon. Idem dans un cimetière, où il faut respecter les défunts. Idem encore sur la pelouse d'un stade, où les arbitres tolèrent mal les piétons égarés. Mais il n'en va pas du tout de même dans ces endroits très vivants et très agités que sont les campus de certaines universités verdoyantes, où des jeunes gens doués et travailleurs se préparent à un avenir qu'ils croient brillant. Dans ces lieux privilégiés de haut savoir, vous verrez communément à travers la pelouse, çà et là, des sentiers non prévus par les préposés à l'entretien des terrains et bâtiments. En plein milieu du rectangle impeccable qui borde l'allée principale, des jeunes, instruits et prometteurs, ont tracé sans gêne le chemin le plus court entre la bibliothèque et leur salle de cours, entre le gymnase et la cafétéria. Ces sentiers, ils les ont tracés par usure, par habitude, par instinct, et ils suivent ces sentiers battus en négligeant les trottoirs de ciment prévus par les concepteurs de leur élégant campus.

Ces jeunes délinquants laissent ainsi libre cours à l'expression de leur nature humaine. Ils font la preuve de l'illusion qu'il y aurait à continuer d'interpréter la pelouse comme le signe d'une victoire de l'homme contre la nature. Les promeneurs qui respectent la pelouse sont des êtres dominés. Ils refusent d'admettre que la pensée humaine demeure tout aussi sauvage que les herbes de la préhistoire. Ils sont irrités par les sentiers qui cicatrisent les paysages bien ordonnés et parfaits. Ils ne voudraient jamais avouer que ces étudiants ont compris l'essentiel et que c'est probablement pour cette raison que les gens disent qu'ils sont les élites de demain.

SERGE BOUCHARD

À son arrivée sur le marché, le gazon artificiel avait tout pour lui. Ce faux larron a l'avantage de ne pas pousser. Il représente la fin du cycle de la vie et de la mort : nous voulions une surface calme, nous avons une surface absolument tranquille. L'eau ne lui sert de rien, il faut même l'évacuer quand par hasard elle trouve le moyen de s'infiltrer. Le soleil est tout aussi superflu. Finis la tonte et l'entretien. Nous disions déjà d'une belle pelouse naturelle qu'elle était belle comme un tapis. Nous en sommes rendus au vrai tapis. La pelouse s'avère tout à fait obsolète quand le tapis la reproduit. L'invention fit fureur dans les stades sportifs où il devint possible de jouer sur un gazon inusable et plus vert que nature.

Cependant, tout progrès a son revers. Il faut voir les pigeons dans les stades couverts. Ils ont la plume artificielle. Les jeux le sont aussi et le faux du plancher contamine la structure. Bien sûr, tout est facile. Les pigeons volent à la chaleur, ils ont des restes à volonté. Un vieux pigeon presbyte peut même apercevoir de loin le tout petit grain de pop-corn tombé dans le lointain champ gauche. Mais l'artificiel a comme un arrière-goût. Les pigeons sont nostalgiques. Et nous aussi. Nous sommes toujours nostalgiques du lieu que nous venons de quitter. Le gazon naturel est sauvage face à l'artificiel. Et lorsque nous nous ennuyons du naturel, de quoi parlons-nous ? Nous faisons l'éloge de l'odeur, la bonne odeur du gazon, odeur qui varie d'ailleurs selon le temps et les saisons. Nous regrettons le plaisir de l'œil, le sentiment de l'authentique, le sens du coussiné, l'élégance de la tonte. Un peu plus, nous reprendrions mot pour mot la complainte des vaches enfermées dans l'étable pour l'hiver et qui rêvent en commun de l'herbe de l'été.

Comme quoi nous tenons aux prés de nos souvenirs. Nous voulons constamment revenir en arrière. Ce que nous aimions dans le naturel, c'était la racine, ces millions de petites racines invisibles et cependant vitales. Le gazon artificiel ne tache pas les vêtements mais nous aimons les taches, ces taches vertes qu'aucun savon ne parvient à effacer. Côté stade, nous donnerions des millions, si nous les avions, pour simplement en revenir au naturel.

Nous soupçonnons l'existence d'un gazon originel. Le paradis terrestre n'abritait pas d'espèces synthétiques. Une vraie pomme, un vrai péché. Pour nous souvenir de notre vraie nature, pour échapper au paradis artificiel, le gazon authentique, c'est le pré à payer.

BERNARD ARCAND

Il aurait été tout aussi raisonnable d'inventer d'abord le gazon artificiel. De ne jamais couper l'herbe avant d'avoir créé le Novaturf en fibre de polypropylène touffetée. Parce que tous les gazons sont faux et artificiels. Ils appartiennent, par nature, à l'univers fabuleux des palmiers en plastique, de la neige ouatée et des flamants roses. L'Astroturf est l'une des quatre bonnes raisons d'éviter Houston.

La pelouse est une conquête de la nature par la technologie humaine. Dire qu'il s'agit d'une nature technologisée constitue un lieu commun. La pelouse est un véritable artifice naturel. Une preuve supplémentaire que nous sommes passés maîtres dans l'art ingénieux de la tromperie. La pelouse, pour les humains, c'était tout naturel.

*   *   *

Je me suis souvent demandé ce que nos amis du paléolithique supérieur penseraient de nos pelouses. La question fait partie d'une curiosité plus vaste : le rêve d'une machine à traverser le temps qui permettrait à nos lointains ancêtres de se transformer en visiteurs exotiques et de jeter sur nous le regard éloigné de la préhistoire.

On imagine facilement que ces gens venus de loin trouverait la scie à chaîne admirable, l'eau courante prodigieuse, les poignées de porte ingénieuses, le poulet enveloppé de plastique extrêmement pratique, le canon à répétition génial, l'automobile pas bête du tout, la cuisinière au gaz et la plaque chauffante fantastiques. Oui, mais le gazon?

Ils seraient probablement surpris de voir une telle dépense d'énergie dans le seul but d'entretenir une herbe qui n'est jamais mangée et sur laquelle il est préférable de ne pas trop marcher. Pourtant, ils comprendraient tout de suite que les gens d'aujourd'hui apprécient leur pelouse, qu'ils la trouvent belle et la préfèrent soignée, et que le beau gazon, de toute évidence, les rend fort satisfaits.

Nos visiteurs préhistoriques devraient ainsi affronter un problème classique d'ethnographie : comment interpréter ce qui, à première vue, n'a aucun sens? Travailleurs consciencieux, ils s'y attaqueraient sans tarder et, après quelques colloques interdisciplinaires et de nombreux rapports de recherche, un jour l'un d'eux proposerait une conclusion surprenante. «Le gazon, dirait-il, doit être classé dans une catégorie particulière d'objets, de pratiques et de coutumes, en apparence parfaitement inutiles.» Pour se faire comprendre, ce chercheur fournirait l'exemple (tiré de cette même catégorie des objets superflus) du port de la cravate, vêtement totalement farfelu qui ne couvre rien et ne réchauffe aucunement mais sans lequel bien des hommes se sentent démunis. Il ferait la démonstration que cet attachement est tout à fait authentique et qu'il existe réellement un commerce florissant de la cravate inutile. Pour compléter sa preuve, il ajouterait que ce sont justement les hommes les plus sérieux, ceux qui parlent de rationalité économique et de rigueur analytique, qui sont les moins susceptibles de se montrer sans cravate.

Voilà comment les ethnographes d'avant-hier interpréteraient nos pelouses. À première vue superflues, elles servent à affirmer à la vue du monde entier notre bon goût, notre souci du détail, notre statut social et notre état d'esprit. Tout à fait comme la cravate. Et ces observateurs attentifs venus de loin décideraient que, décidément, le sujet moderne n'a plus grand-chose à faire. Il tond son gazon et choisit des cravates. Désœuvré, il s'affaire désespérément.

Et c'est ainsi qu'ils en arriveraient à la conclusion que, grâce au progrès technologique et à l'amélioration générale des conditions de vie, nous travaillons de plus en plus. L'avancement de la civilisation est tel que les modernes profitent de leurs moments libres pour se vouer corps et âme à l'entretien laborieux de leur pelouse. Ils se fixent l'objectif du gazon parfait, de la pelouse impeccable. Les quelques privilégiés qui l'atteignent s'inquiètent alors des pelouses encore plus vastes des quartiers riches ou de l'herbe plus verte qu'ils ont cru voir chez le voisin.

Nos visiteurs retourneraient à la préhistoire convaincus que les temps ont bien changé.

SERGE BOUCHARD

S'il fallait que les anciens revivent, je parle des gens du Moyen Âge, ils seraient bien surpris de voir passer un camion-remorque transportant sur une longue distance un chargement de gazon. Il nous faudrait leur expliquer que sur des terres spécialisées, nous faisons pousser une herbe de haute qualité afin de la vendre sous la forme de petits tapis roulés que l'on transplante un peu partout sur les places publiques et les terrains privés. La chose ne va pas de soi. Elle n'est pas, comme on dit, évidente. Et les anciens demanderaient certes le pourquoi d'un pareil commerce. D'où nous vient ce plaisir de tout tourber ? L'industrie de la transplantation se porte bien. Le gazon greffé est devenu plus populaire que le gazon semé.

Le gazon n'appartient pas à la terre de la terre, je parle de la terre qui s'appartient. Il est plutôt la terre de l'homme, la terre mise à notre main, la terre à laquelle nous donnons un coup de pouce. Nous avons le pouce gris pierre, nous avons le pousse vert. Le gazon sera bel et bien traité comme nous traitons les tapis précieux. Pas question de trop marcher dessus. Voilà le vernis de la haute culture qui complète les tableaux uniformes des jardins de l'homme. Descartes n'aimait ni le désordre des villes mal planifiées ni le fouillis de la nature. Nous touchons là au cœur de l'affaire. Qui dit gazon dira aussi Lumières. Philosophie de l'ordre, de la géométrie, des formes et des surfaces, un brin d'herbe plus un brin d'herbe donne deux brins et ainsi de suite jusqu'aux mathématiques des grands nombres.

Enguerrand de Monthrelet ou Philippe de Commynes, journalistes à l'époque des Capétiens, s'ils revenaient au monde, comme nous disions, seraient bien surpris de voir passer un camion transportant des tapis de gazon cultivés à Saint-Tite et livrés à Cincinnati. Ils s'étonneraient de l'Amérique, de la beauté du camion, de la route, mais encore et surtout de la nature du commerce.

Cependant, ils comprendraient probablement plus vite que nous le croyons. Ils se diraient : voilà le résultat de nos anciens débats. Finis les huttes anarchiques, les échoppes entassées, les foins longs dans les pâturages mal définis, les forêts sombres et profondes, finis les symboles et l'imaginaire débridés, finies l'erreur et l'illusion, vive la lumière. D'abord le Moyen Âge, ensuite la Renaissance, et voilà le Gazon.

BERNARD ARCAND

Pour entendre le bruit de la mer, il suffit de porter à son oreille un coquillage. Pour écouter le vent, tenez-vous proche du feuillage. On dit que les arbres et la glace craquent, que les buissons murmurent et que les animaux placotent. Quand la nature se déchaîne, le tonnerre gronde et la tornade fait un fracas.

Mais parmi tous les bruits de la nature, le vacarme du gazon occupe une place de premier choix.

Je veux citer en exemple le gazon de mon voisin. N'allez surtout pas croire que mon voisin est un malotru qui n'hésiterait pas à tondre sa pelouse en pleine nuit, éclairé par une lampe de mineurs. Mon voisin est un homme poli et bienséant. Mais moi qui croyais savoir que le gazon pousse surtout lorsqu'il fait beau et que la pluie l'abreuve, j'ai compris que la croissance de la pelouse de mon voisin répond à des pulsions beaucoup plus complexes.

Au bout de nombreuses années d'expérience, j'ai découvert que chaque fois que je reçois des amis, que je donne un party ou que je veille tard, le gazon de mon voisin réagit et se met à pousser à une vitesse exceptionnelle. De sorte que, le lendemain, tôt le lendemain, surtout le dimanche matin, inévitablement mon voisin ressent l'urgence de tondre sa pelouse. Avec une tondeuse dont la puissance suffirait à faucher la majeure partie de la Mandchourie. Durant une heure, parfois deux, le maître calme sa pelouse excitée par mon party. Ensuite, il complète le travail avec le célèbre *Wipper Snipper* dont le son parfaitement aigu rappelle la fraise de mon dentiste. Et je ne dis rien de son énorme chasse-feuilles, souffleur de tous les débris de l'automne, dont les décibels n'ont d'égal que les moteurs d'un 747 au décollage.

Je suis convaincu que mon voisin soupçonne que les fêtes données chez moi renouent avec la grande tradition de la barbarie orgiaque. Le lendemain, en tout cas, afin de rétablir la moralité du voisinage, il tond son gazon.

Il n'y a aucune comparaison qui tienne. Le son de la mer, le chant des petits oiseaux, tous les bruits de la nature ne sont que de minables perturbations sonores. Lorsque mon voisin entreprend son gazon, le ciel peut me tomber sur la tête, Mars peut

attaquer, je n'entendrai rien du tout. Je me trouve totalement
coupé du monde, en retraite fermée, et je médite sur mes péchés.

SERGE BOUCHARD

Il existe une écologie de la modernité à l'intérieur de
laquelle de nouveaux systèmes remplacent les anciens. Un
déjeuner sur l'herbe n'est pas une marche en forêt. La pelouse
d'automne possède un charme particulier. Sur un gazon fraî-
chement tondu, les feuilles mortes s'accumulent jusqu'à le
recouvrir tout entier. Il nous faut « gratter les feuilles », ce qui
revient à « gratter » le gazon, quand on y pense. Le romantisme
de la feuille morte apparaît avec cette nouvelle réalité, celle de la
banlieue et de la cité.

Ma propre nostalgie s'enracine dans la poésie de la feuille
morte, dans le « grattage » du terrain, dans ces gros tas de
feuilles d'érable que l'on brûlait sur le bord des trottoirs. À présent, la loi interdit cette pratique mais la loi se soucie peu
de poésie. Nous parlons là de jeux d'automne, des odeurs de
fumée, d'un ciel froid, d'une terre gelée. Un gazon qui s'endort
pour l'hiver en se couvrant de givre est comme un beau lac dont
la surface s'immobilise. Voilà comment un terrain à Laval
devient un vaste univers dans le jardin imaginaire des enfants
qui y jouent. L'hiver, tout raidit, tout durcit, tout jaunit. Et le
monde disparaît sous le couvert des premières neiges. La neige
sur le gazon endormi, c'est un tapis sur un tapis. La nature
prend soin de recouvrir le visage de la saison morte.

BERNARD ARCAND

Le gazon est ennuyeux, on l'a dit. Mais il mène quand
même une bonne vie. Une existence paisible et exemplaire. En
fait, son histoire pourrait servir de modèle à quelque beau téléroman qui ferait pleurer dans les chaumières : « Un homme et

sa pelouse, les belles histoires des banlieues d'en haut ». On pourrait en extraire une comptine édifiante pour les petits enfants.

La pelouse prend vie au printemps, sous la neige. Quand elle émerge, on dirait presque un accouchement. Puis elle devient vigoureuse et folle comme le printemps. En juin, le gazon atteint sa pleine maturité et doit être constamment entretenu. En juillet et en août, il montre parfois quelques signes de fatigue et pâlit. À l'automne, il pousse moins, on dirait qu'il se repose ou qu'il se néglige, comme si les apparences lui importaient moins. Enfin, en novembre ou en décembre, le gazon s'endort doucement, dans les bras de la neige qui l'avait vu naître au printemps.

Quelle grande leçon de morale ! Il faut naître et se montrer vigoureux, accepter son rôle et se laisser tondre régulièrement, ensuite assumer la fatigue et la jaunisse, puis espérer, à la toute fin, retrouver sa maman. C'est simple, parfaitement puéril, mais c'est beau.

IV

LE POISSON

Il faudrait inciter la Commission des droits des espèces vivantes à lancer le plus tôt possible une campagne d'intervention pour sensibiliser l'ensemble de la population au triste sort des poissons, pratiquement tous les poissons sans exception, qui se trouvent généralement négligés, inférioriés et méprisés sans véritable justification. Tous les jours, nos moralistes crient au scandale pour des cas de discrimination bien moindre. Les poissons sont insultés, alors que ces animaux indispensables nourrissent l'humanité depuis la nuit des temps. Aujourd'hui encore, les poissons constituent l'une des principales sources de protéines pour des centaines de millions de personnes sur la planète. Malgré tout cela, nous continuons à leur accorder notre plus grand mépris. Les poissons auraient parfaitement le droit de se plaindre de notre manque de respect et de notre ingratitude.

Par exemple, les poissons n'apparaissent que très rarement dans les contes pour enfants : on n'entend jamais parler de truite arc-en-ciel ou de poisson-chat embrassé par une superbe princesse ni de maquereau ordinaire qui se transformerait en prince charmant. On ne voit pas, non plus, de films de monstres mettant en vedette une gigantesque perchaude féroce qui menacerait d'anéantir la ville de New York ou mettrait en péril la planète entière. Les extraterrestres imaginés par notre civilisation, inévitablement en avance sur nous d'au moins trois semaines, ne prennent jamais l'apparence du flétan, de la plie ou du saumon de l'Atlantique. Bien sûr, depuis le début de la nuit des temps, de monstrueuses créatures surgissent régulièrement du fond des mers, mais ces horreurs ressemblent davantage au bon vieux dragon familier qu'à un effroyable poisson ; hors de l'eau, il crache le feu plutôt que d'écraser ses ennemis sous ses nageoires. Le requin, la murène et le barracuda sont des exceptions ; personne n'a osé imaginer un immense banc de harengs sur le point d'attaquer Amsterdam ou Tokyo.

Sur les murs des chambres d'enfants, il est fréquent de voir de grandes affiches représentant quelques tigres du Bengale, des pandas chaleureux, deux dauphins qui font du saut en hauteur avec le sourire, quelques éléphants lourdauds mais sympathiques dans une position inattendue, une girafe élégante, un chameau rigolo, quelques papillons somptueux, des chatons, quelques chiots et plusieurs chevaux puissants. Rarement des poissons. Dans les lits de ces mêmes enfants, on trouvera couramment des toutous et des nounours, des zèbres ou des singes en peluche, mais bien peu de morues ou de dorés. Chez les scouts, qui apprécient les arrangements hiérarchiques et les totems à saveur amérindienne et à la sauce western, les patrouilles se baptisent « Aigles », « Castors », « Loups », « Renards », « Ours » ou « Carcajous », jamais « Esturgeons » ni « Poulamons ». Dans le merveilleux monde du sport, là où les emblèmes fauniques sont empruntés au tigre, au lion, à l'« aigle noir » ou même à des espèces aussi peu probables que le « puissant canard » ou aussi peu féroces que l'oriole ou le cardinal, il n'y a, dans ce monde du sport, d'autre poisson que le requin ; pour le reste, c'est le silence absolu et l'on ne verra jamais de match entre les Brochets de New York et les Anguilles de Détroit.

Tout cela laisse croire que si les poissons sont bons à manger, ils ne sont toutefois pas très bons à penser. Les poissons nourrissent le cerveau en vitamines essentielles, mais ils nous alimentent fort peu en bonnes idées. Les humains rêvent habituellement de faucons et d'aigles pêcheurs, mais il est rare que les grands rêveurs s'imaginent à la pêche ou vêtus d'une peau écaillée, avec nageoires et gros yeux ronds.

Comment interpréter une telle omission? Simplement, c'est que la plongée sous-marine est une invention récente. Auparavant, c'est-à-dire pendant des millions d'années, le fond de la mer est demeuré un espace largement inconnu et donc forcément mystérieux, ce qui suffit à nourrir l'imagination fertile de tout être humain en bonne santé. Cela nous a valu, entre autres, l'invention du dieu Neptune, psychologiquement instable et à barbe frisée, ou celle du monstre trop timide du Loch Ness et des multiples pieuvres très grand format qui hantent les mystérieuses *Vingt mille lieues sous les mers*. Le fond des océans constituait l'univers secret de poissons étranges et mal connus parce que difficilement observables. Les auteurs de ces drames épiques demeuraient sur la terre ferme et conservaient les pieds bien au sec.

En d'autres termes, nous préférons rêver en territoire familier. Nos grands héros et nos meilleurs chamans volent comme des aigles ou se transforment en jaguars tout-puissants. Le fond des mers, par contraste, paraît sombre et inquiétant. Sans scaphandre, on risque de s'y noyer. Au fond de l'eau, rien n'est clair, nos idées deviennent solubles ou un peu floues. C'est pourquoi nous avons forgé l'expression « pêcher en eaux troubles ». Et c'est pour la même raison qu'en lisant ces *lieux communs* inspirés par le poisson, certains se demanderont : « Mais où vont-ils pêcher tout ça ? »

* * *

Est-il vrai que le poisson rend intelligent ? Faut-il croire tout ce que racontent les parents ? Les miens disaient qu'il fallait manger du poisson parce que ses vitamines nourrissaient le cerveau et promettaient ainsi de rendre l'enfant que j'étais nettement plus intelligent.

Je ne vous dirai pas si, petit, j'ai mangé peu ou beaucoup de poisson. Mais je vous avouerai n'avoir jamais compris ce lien assez étrange que mes parents établissaient entre le poisson et l'intelligence humaine. Tout indiquait, au contraire, que la relation était probablement inverse. Car une grande partie de ce que je savais du poisson venait de la parlure populaire, laquelle ne tenait pas l'animal en haute estime puisqu'elle annonçait ouvertement que d'être « poisson » signifiait être dupe, niais, niaiseux, stupide, borné et surtout naïf. On affirmait couramment qu'il fallait être pas mal « poisson » pour acheter cette automobile-citron ou cette police d'assurance exorbitante. Seuls de vrais « poissons » pouvaient croire la publicité ou adhérer aux partis politiques minimalistes et mal informés.

Je me souviens de mon grand-père qui aimait jouer des tours, chaque année, au jour fatidique du « poisson d'avril » : je l'ai vu, vieux, téléphoner à ses amis, aussi vieux, et leur dire qu'il y avait un gros paquet pour eux au bureau de poste du village et qu'ils devaient s'empresser d'aller le chercher. Un grossier mensonge, bien sûr. Et mon grand-père regardait passer ses amis en s'émerveillant de la crédulité humaine.

N'importe quel enfant attentif ne pouvait que conclure que les poissons méritaient amplement leur réputation de modèles absolus de la bêtise. Après tout, il fallait être particulièrement nono pour avaler un hameçon. Comme il fallait aussi être un peu lent pour ne pas déjouer les canulars rudimentaires du premier avril et accepter de se rendre à l'aquarium pour y chercher le grand prix de la loterie.

Cette interrogation soulevait toutefois une question plus complexe. Une question qu'il me fallait résoudre avant de décider de rompre définitivement et de ne plus faire confiance à mes parents. Était-ce la victime du premier avril qui était poisson et crédule, ou était-ce plutôt mon grand-père qui, après avoir mangé beaucoup de poisson, était devenu exceptionnellement ratoureux et donc capable d'inventer les tours les plus pendables pour attraper ses vieux amis ? Question difficile, réponse délicate, démonstration incertaine.

Je n'ai jamais trouvé de solution satisfaisante à cette énigme. Même après être allé voir ailleurs, même à la fin d'une lecture plus ou moins sélective de la très longue histoire des relations entre les humains et les poissons, la question est demeurée insoluble. On sait que depuis au moins une dizaine de milliers d'années, les humains prennent des poissons et que leurs techniques de pêche n'ont jamais cessé de progresser. On pourrait donc conclure qu'en mangeant du poisson depuis des millénaires, les humains sont devenus progressivement plus intelligents, ce qui les rend chaque jour de plus en plus supérieurs aux poissons qu'ils attrapent de plus en plus aisément. Voilà qui démontrerait que mes parents avaient raison.

Par contre, en entendant dire qu'il reste de moins en moins de poissons dans les mers et que plusieurs espèces marines sont déjà surexploitées et se trouvent même sérieusement menacées, on pourrait conclure tout aussi logiquement qu'en mangeant autant de poissons, les humains deviennent chaque jour plus stupides et imprudents. On dirait même qu'ils se dirigent, inconscients, vers une très mauvaise surprise. Comme s'ils pensaient que tout va bien et qu'il y a vraiment un paquet qui les attend à la poste.

SERGE BOUCHARD

Être poisson, c'est admettre que le monde nous dépasse, que tout se joue au-dessus de nos têtes. Les poissons sont des espèces vivantes qui n'ont pas réussi à se tenir la tête hors de l'eau.

Sur la marche du monde, les poissons n'ont aucune prise. Nager n'est pas comprendre.

Il y a de cela des centaines de millions d'années, il n'y avait que des êtres humains sur terre. Tous roulaient en Mercedes. Nous étions des dizaines de milliards à vivre d'amour, d'essence et d'eau fraîche. Puis, lentement, la nature humaine se manifesta. Les plus petits de cœur et d'esprit devinrent des insectes, des mouches, des maringouins, des cancrelats et des coquerelles. Les plus belliqueux devinrent des aigles, des tigres, des méchancetés à poils, des assassins à plumes. Les plus retors devinrent des serpents, les plus urbains des moineaux, les plus prétentieux des perdrix en rut, les plus menteurs se métamorphosèrent en renards, les plus sales en rats de Norvège, les plus voleurs en étourneaux, les plus avocassiers en pies, les aveugles en autruches, les paresseux en lions, les plus lents en paresseux, les rancuniers en éléphants, les rapides en lièvres, les libidineux en ours d'été, ainsi de suite, ce qui donna les chiens, les loups, les tamanoirs, les kangourous. Tout ce qui vit est le reflet de nos idées. La nature exprime nos déceptions, nos peines mais elle exprime aussi notre beauté. Nous faisons un, mais sommes si divers.

L'humanité originelle s'étant considérablement transformée et toutes les espèces animales s'étant mises à exister, que restait-il dans le monde pour y coucher nos mauvaises pensées? Les anciens se tournèrent vers la mer. Les océans déserts furent désignés comme réservoir infini, vu la profondeur de l'objet. Là, nous pourrions pour toujours déverser les dérives de notre caractère. Il y a tant d'eau sur terre que nous serions bien attristés s'il fallait un jour en venir à bout. L'opération se poursuivit donc, mais avec les poissons. Ces derniers représentent cette partie de nous qui ne comprendra jamais rien. Les poissons se cachent, ils ne veulent pas sortir de l'eau, et sous l'eau, ils se terrent. Ils craignent l'air, le vent, les tempêtes, le sable sec, le soleil. Pour un poisson, la liberté consiste à descendre plus bas. La sécurité se trouve dans la noirceur des profondeurs et les poissons les plus tranquilles sont ceux qui habitent le fond des fosses océaniques où rien ni personne ne peut les rejoindre. Ce sont les poissons les plus plats, les plus gris de la terre et des sept mers. Là, la nature ne soigne plus son apparence puisque rien ne se montre.

Le poisson de la plus grande profondeur, celui-là qui, en ce moment même, vit au plus creux du monde, ce poisson inconnu que nul n'a découvert et ne découvrira jamais, ce poisson incolore et aveugle qui supporte la pression de toute l'eau qui soit, ce poisson là sait ce que c'est que de toucher le fond et d'être au plus bas. Ce n'est pas demain qu'il refera surface.

BERNARD ARCAND

Si, par accident ou à la suite d'une grossière erreur, l'on me nommait demain ministre de l'Unité nationale, je rédigerais immédiatement un discours aussi percutant que rafraîchissant, le genre de discours qui marque une époque et qui, dès les premiers mots, transpire la prétention de s'inscrire dans l'histoire. Un énoncé politique franc et direct qui, pour certains, semblerait sans doute un peu brusque mais qui aurait l'avantage de remettre quelques vieilles pendules à la bonne heure.

M'adressant à la nation à une heure de grande écoute de la télévision, je parlerais du carassin, ce petit poisson apparenté à la grande famille des carpes et qui semblait posséder tout ce qu'il faut pour demeurer éternellement modeste et insignifiant, mais qui est devenu le célèbre poisson rouge de tous les aquariums domestiques du monde. C'est qu'il a une belle couleur qui attire l'attention des collectionneurs et qui en a fait le favori incontesté des enfants qui aiment surveiller les petites bêtes nageant dans une cage de verre. La couleur, justement, parlons-en. Dans ce pays sans bon sens et peu coloré, cette couleur typique et exceptionnelle fait du carassin, en français, un poisson rouge, alors que les anglophones le transforment en « *gold fish* ». Comme si le poisson changeait de couleur à la frontière !

Voilà qui me laisserait l'embarras du choix. Comme ministre, je pourrais adopter la ligne dure et blâmer un peu tout le monde. En disant, d'un côté de la bouche, que les francophones insistent pour déclarer ce poisson « rouge » par mauvaise volonté et uniquement dans le but de maintenir cette distinction idéale de leur société distincte qui leur sert à se rendre intéressants. De l'autre côté de la bouche, je pourrais tout aussi aisément blâmer les anglophones de manquer totalement de sensibilité et de n'avoir jamais réussi à comprendre qu'un petit poisson qui n'a jamais vraiment été doré pouvait très honnêtement être, par d'autres, perçu comme rouge. Ou encore, je pourrais juger préférable de retourner au Plan A et d'entreprendre un ambitieux programme de compromis national. À titre de ministre de la bonne entente et de l'amour universel, j'essaierais d'abord de convaincre le Cabinet d'imposer par décret l'interdiction des expressions « poisson rouge » et « gold fish ». Désormais, le carcassin deviendrait obligatoirement le très politiquement correct « poisson-orange-fish », grâce au grand compromis national de l'orange, qui n'est ni rouge ni gold. Dans les manuels scolaires, tous les enfants du pays apprendraient à peupler désormais leurs aquariums de magnifiques poissons orange. Le gouvernement les distribuerait gratuitement.

À titre de ministre de l'Unité nationale, peu m'importerait que les enfants s'ennuient et se désintéressent progressivement de ces aquariums modernes remplis de poissons prétendument orange. Un ministre n'a pas à s'inquiéter du fait que l'orange n'avait jamais été remarqué ni retenu par personne auparavant. Encore moins du fait qu'à l'avenir, en ce pays, les uns et les autres exprimeront en récits et en chansons leur regret des beaux poissons rouges et des *fabulous gold fishes* de leur enfance. Peu m'importera que l'orange soit la couleur mièvre de la rectitude politique. Je serai alors ministre, l'agité du bocal et le maître de l'aquarium.

SERGE BOUCHARD

C'est un fait de l'histoire que le poisson d'eau salée s'est mis à voyager très loin de son élément naturel. Plus on s'éloigne de la mer, plus il y a de poisson au menu. Enfoncez-vous jusqu'au cœur du Bouclier canadien, jusqu'à la ville minière la plus isolée du continent, vous aurez du poisson à la carte. Le commerce a une logique que la géographie ne saisit pas. La sole est commune à Sudbury, le maquereau commun à Chibougamau. Toutes les ressources de la logistique humaine se sont appliquées à la question de la mobilité du poisson. Si bien que le menu est parfois surréaliste. J'ai mangé du calmar à Saskatoon et je n'en reviens pas encore. Il était excellent. Par contre, je doute que les restaurants des Caraïbes offrent du bison à la carte. Comme quoi le poisson est promis au plus grand avenir. Le bœuf s'élève partout ou presque. À la limite, il peut marcher jusqu'à goûter la vache enragée. Mais le poisson vole, au frais, sur la glace de la princesse du commerce. Le poisson vole en boeing 747. Le temps presse car le poisson est meilleur quand il est frais. L'anguille du Bas-du-Fleuve se retrouve à Dresden, via Francfort, où les Allemands s'en régalent comme s'il s'agissait du meilleur poisson au monde. Il est vrai que l'anguille du Canada guérit la peste, l'impuissance sexuelle, l'indifférence et certaines formes de cancer.

Les nouvelles voyagent vite, les poissons tout autant.

BERNARD ARCAND

« Donnez à un homme un poisson et vous le nourrirez pour un jour. Enseignez-lui à pêcher et vous le nourrirez pour la vie. »

Et après? Enseignez-lui à faire pêcher les autres à sa place et vous le rendrez prospère. Montrez-lui comment s'enrichir et vous verrez que, tôt ou tard, il prodiguera ses conseils au tiers-monde, se croyant philosophe.

SERGE BOUCHARD

Les poissons ont en mémoire des événements très rares. J'en veux pour preuve cette incroyable histoire.

Dans la région de Caniapiscau, nous avons créé des réservoirs afin d'augmenter notre capacité de produire de l'électricité. Pour ce faire, il fallut noyer de grandes surfaces de forêts boréales. Sous l'eau de ces nouveaux lacs, des millions d'épinettes noires furent englouties vivantes. Au premier été de cette affaire, il se passa des faits extraordinaires. Le sol de la taïga nordique est mince et dans le fond des réservoirs, il s'est vite délavé. Les racines des arbres demeurés debout s'en trouvaient libérées. À intervalle régulier, un arbre prenait littéralement son envol à partir du fond du lac et, tel un missile lancé par un sous-marin, au terme d'une longue ascension vu la profondeur, il sortait de l'eau toute tête dehors. Imaginez le spectacle. Compte tenu de la forme de ces épinettes que Rousseau a déjà comparées à des flèches, sachant qu'ils conservaient encore branches, brindilles et aiguilles, ces arbres venus des profondeurs apparaissaient soudainement à la surface, à la manière d'une baleine qui se lance en l'air, provoquant fracas et bouillonnements en sortant comme en retombant. Voyez comme la vie réserve des surprises.

Finalement, les poissons connaissent plus la forêt que l'on pense, du moins les poissons d'eau douce du Québec. Depuis une centaine d'années, plusieurs ont vu leur univers subitement se transformer en forêt fantôme, noyée et submergée. Mais en prime, il s'est sûrement trouvé des poissons pour voir ces arbres s'envoler, s'élever et bondir vers la surface. Un poisson qui a vu cela est un poisson qui a tout vu.

BERNARD ARCAND

Il faut se rendre à l'évidence, le poisson résiste admirablement aux lieux communs. À son sujet, le commentaire n'est pas commode. Pourtant, lorsque nous avons choisi le thème, tout indiquait que son traitement serait relativement facile. On voyait immédiatement surgir un nombre rassurant d'angles ou de perspectives sous lesquels approcher le thème du poisson. Par exemple, il pourrait être intéressant de fouiller un peu l'histoire et de vérifier si le jour du « poisson d'avril » a été placé volontairement à l'époque de l'année où la nature nous joue des tours. Est-ce que cette tradition reprend à notre façon l'ancienne fête romaine du *Hilaria,* le jour où la drôlerie avait libre cours ? Pourquoi attribue-t-on l'invention du très français « poisson d'avril » à Voltaire ? Et comment se fait-il que le rôle du poisson français soit assumé, en Écosse, par le coucou ?

Voilà des pistes intéressantes ! Mais chaque fois que je me lançais sur l'un ou l'autre de ces sentiers prometteurs, après un bref moment d'euphorie et de stimulation intellectuelle pure, le souffle devenait court, l'intuition paraissait tout de suite épuisée, je n'arrivais jamais à mieux développer l'idée et mon propos tournait en rond. En voici quelques exemples supplémentaires.

Comment expliquer que les enfants détestent le poisson ? Au point d'en faire sinon une maladie, du moins une aversion. Peut-on interpréter leur résistance par le fait que ces enfants sont à l'âge d'apprendre les rudiments de l'orthographe et qu'ils ont à l'esprit la précarité de la distinction entre poisson et poison : un seul S, en forme d'hameçon ? Voilà une petite idée amusante. Mais mince !

Autre exemple. Très tôt dans l'histoire du christianisme apparut le symbole du poisson que l'on peut voir encore brodé par de petites mains religieuses sur les nappes des sanctuaires. On n'a peut-être pas assez dit combien cette transformation était remarquable. Changer l'eau en vin, passe encore, mais transformer l'Agneau de Dieu en poisson, voilà qui est étonnant ! Oui, mais ensuite ? Une déviation sur le jeûne du vendredi peut-être ?

Une autre approche. On pourrait dire que le poisson est

aussi fragile que la bonne entente et la solidarité sociale. De fait, il constitue un excellent test de cette harmonie communale. On prendrait pour exemple le village d'Astérix, là où les querelles débutent si souvent à la suite d'une accusation de poisson pas vraiment frais. Une allusion voilée, un regard oblique, un moindre soupçon et le feu est aux poudres. De la même manière qu'un délicieux poisson frais devient en quelques heures une horreur puante, la société la plus calme et chaleureuse peut en un clin d'œil se transformer en un enfer de chicane chaotique. Mais cela étant dit, on en vient à quoi?

Un autre cas encore : comment se fait-il que les jeunes utilisaient, l'an dernier, l'expression « Fish mais pas baleine », version moderne du « Pousse mais pousse égal », pour réaffirmer le principe qu'en matière de mensonges et de tromperie, la modération a nettement meilleur goût? Dire que l'on peut gober comme un poisson mais quand même pas avaler comme une baleine, voilà une confusion de familles de nature à inquiéter les responsables de l'enseignement de la zoologie. Bon, mais ça nous mène où, au juste, ce commentaire?

Une autre idée, inépuisable celle-là : le commentateur pourrait s'amuser aux dépens des disciples de l'astrologie et comparer les traits de caractère attribués aux individus nés sous le signe des Poissons avec le tempérament de l'espadon, le romantisme passionné de la raie ou l'allure générale du turbot. Il y aurait de quoi sourire. Pour en venir à quoi?

Enfin, une dernière piste, un peu plus sinistre, celle du poisson mort. Quel spectacle désolant : le ventre blanc d'un poisson renversé par la mort. Un poisson qui, dans l'eau, devrait normalement se sentir comme un poisson dans l'eau et qui offre l'exemple d'une mort sans aucune trace de violence. Sans raison, nous voilà confrontés à l'horreur inconcevable : l'eau est polluée, les mers sont sales, la vie est contaminée, nous allons tous mourir! Bon, OK, c'est dramatique, mais dans quel sens peut-on poursuivre cette idée?

Bref, les sujets ne manquent pas et chacun fournit matière à commentaire. Mais dans chaque cas, on dirait que l'inspiration fait défaut et s'épuise. Comme si, soudain, il n'y avait plus rien à ajouter. L'auteur se retrouve alors face au vide. Alors j'ai trouvé. L'explication était parfaitement simple et il n'y avait là rien d'inquiétant. Avec un thème pareil (j'aurais dû y penser plus tôt), il était évidemment prévisible, normal même, que chaque piste se termine nécessairement, forcément, assurément, inévitablement, en queue de poisson.

SERGE BOUCHARD

Il y a de cela quelques millions d'années, un météorite tomba dans la toundra québécoise. Il creusa un cratère impressionnant, aujourd'hui parfaitement conservé. Je parle bien sûr du cratère du Nouveau-Québec, dont la forme parfaitement ronde est caractéristique et spectaculaire. Au fil des siècles, ce trou s'est rempli d'eau. On ne lui connaît ni charge ni décharge puisque ce n'est pas un lac mais une cavité accidentelle. Qu'un pareil trou se remplisse d'eau, cela va bien. Mais on trouve des ombles dans ce cratère et la question se pose alors : d'où viennent-elles ? Les ombles arctiques ne marchent ni ne volent, à moins qu'elles le fassent de nuit ou assez discrètement pour que nous n'en sachions rien. Il est probable qu'un lac voisin a jadis communiqué avec le cratère, ce qui expliquerait la présence des poissons.

Quoi qu'il en soit, les poissons du cratère évoluent dans une eau froide et cristalline, dont la surface ne dégèle pas certaines années. Ils sont prisonniers d'une sorte de grand aquarium et ils vivent comme dans un ballon d'eau de source. Qui dit propreté dit désert. Ils n'ont rien à manger. Si bien que ces poissons sont maigres au point d'en être rachitiques. Ce ne sont que grosses têtes et yeux exorbités rattachés à des corps filiformes nettement sous-développés. Grosse tête et petit corps, cela fait penser.

Être poisson et être maigre, cela donne froid dans le dos.

BERNARD ARCAND

Dans mon village natal, le mot « agrès » avait un sens que l'on ne retrouve pas nécessairement inscrit au dictionnaire. Dans un premier sens, les gens disaient « agrès de pêche » pour décrire ces mouches fort élaborées qui servent à la pêche à la ligne et que l'on imagine irrésistibles aux yeux de la truite de rivière. Mais l'on qualifiait également d'« agrès » une femme qui s'habillait de manière ostentatoire et qui, par exemple, portait, au matin de Pâques, un chapeau avec de longues plumes multicolores, une robe jaune à motifs floraux, un sac à main en cuirette imitation crocodile féroce, des bas résille, des ongles d'orteils peints violet vif et un fume-cigarette en simili-nacre pour consommation exclusive de « Matinée » ultra-douces. J'ai connu le bonheur de naître dans un beau village.

Pourquoi disions-nous « agrès » ? Parce qu'il fallait être un peu « poisson » pour tomber sous le charme d'une telle personne. Parce qu'elle se déguisait en appât, comme si elle était engagée dans une expédition de pêche à l'âme sœur. Mais avant tout, parce que la parlure populaire est franche et terriblement cruelle.

*   *   *

Pour indiquer qu'une personne est à l'aise dans une situation particulière, on annonce parfois qu'elle se sent comme un poisson dans l'eau. C'est-à-dire dans son élément, au sein d'un environnement familier qu'elle maîtrise parfaitement.

On voit tout de suite ce qu'une telle expression veut dire, en particulier parce que nous, par comparaison, avons beaucoup de mal à respirer sous l'eau. Mais comment pouvons-nous être aussi certains que les poissons y sont à l'aise ? Après tout, ce sont eux, nos ancêtres, qui ont un jour décidé de quitter le milieu aquatique et de sortir des océans pour poursuivre l'évolution sur la terre ferme. On suppose que quelques-uns étaient un peu déçus de l'eau pour choisir d'aller vivre ailleurs, hors de l'eau. Même de nos jours, le poisson volant, le magnifique exocet qui plane sur 200 mètres à une vitesse de 50 km/heure, ressemble à un Icare en mal d'évasion. Et qui sait pourquoi la truite, l'espadon et l'épaulard pratiquent le saut en hauteur?

D'autre part, en parlant de « poisson dans l'eau », il serait utile de préciser à quel poisson l'on veut faire allusion. Car il y a des milliers de distinctions pertinentes au bien-être du poisson en question, et des spécialisations marines assez particulières. Il y a des poissons de fond et de surface, des poissons d'eau douce et des tropiques, certains possèdent une scie, d'autres un marteau ou une épée. Il y a des poissons-lunes et des crapets-soleils. Et plein d'autres nuances dans la hiérarchie. On peut naître loup de mer, sébaste ou baudroie, on peut venir au monde sardine ou requin. Produire du caviar ou servir de fish-and-chips.

Ces distinctions fines ont été mises en place longtemps avant que les poissons ne viennent sur terre créer l'empire mondial des dinosaures compétitifs et, soixante-cinq millions d'années plus tard, notre genre humain. En somme, l'analogie est bonne mais son contenu n'est pas univoque : dire simplement que l'on se sent comme un poisson dans l'eau ne suffit pas. Il faut savoir que certains poissons sont nettement plus à l'aise que d'autres et que pour celui qui est né hareng, l'expression signifie seulement vivre anonyme au milieu du banc, perpétuellement inconscient ou inquiet de partager un océan trop étroit avec tant d'espèces carnivores et de devoir nager sans fin sous la menace constante de finir mariné par quelque Scandinave affamé. Nos expressions populaires, comme la pêche, sont parfois trop faciles.

V

L'ENSEIGNEMENT

BERNARD ARCAND

Vous avez très bien fait d'inviter des anthropologues à votre colloque intitulé « Le plus beau métier du monde ». Voilà une excellente idée qui convient parfaitement au monde de l'enseignement. Comme on dit, c'était mettre toutes les chances de votre côté ou, si vous préférez, ne prendre que très peu de risques. Non pas que les anthropologues soient particulièrement fins et gentils (ce qui demeure incontestable par ailleurs), mais parce que ce sont des passionnés de l'école, de l'enseignement en général et de l'apprentissage en particulier.

Par définition, c'est-à-dire en vertu de sa formation et de sa déformation professionnelle, l'anthropologue qui visite une société étrangère dans l'espoir d'en comprendre les mœurs et les coutumes doit avant tout savoir écouter attentivement. Savoir demeurer silencieux et discret pour ne pas déranger, être capable de rester attentif pour ne rien manquer de ce qui se passe et de ce qui se dit, prendre des notes afin de ne rien oublier. Bref, l'anthropologue idéal n'est rien de moins qu'un élève modèle. Un professionnel de l'écoute respectueuse à la recherche constante de maîtres et de professeurs, où qu'il puisse les trouver sur cette terre. L'anthropologue aime apprendre et, à ses yeux, le monde entier forme une vaste école. Sa profession est un acte de modestie, fondée sur la conviction profonde qu'il restera toujours tellement à découvrir. De fait, je soupçonne que celui qui a créé l'expression « Tant à apprendre et si peu de temps » était anthropologue.

Vous aurez donc la partie facile : les anthropologues sont des passionnés de l'apprentissage et des étudiants perpétuels pour qui l'école constitue, comme pour vous, un gagne-pain dont ils ne veulent dire que du bien. Et puis, étant donné que les anthropologues ne font que répéter ailleurs ce que leurs maîtres lointains leur ont enseigné, ils ne peuvent que faire montre de respect et de gratitude à l'égard du métier d'enseignant. Tout cela paraît naturel dès que l'on prend conscience qu'après le métier d'étudiant et d'apprenti perpétuel, celui d'enseignant demeure, assurément, le deuxième plus beau métier du monde.

SERGE BOUCHARD

Aimer l'école n'est pas chose évidente. L'affaire concerne tout le monde, du maître à l'élève, en passant par les parents et les autorités scolaires. Car nous ne sommes rien sans apprendre, autant dire que nous ne serions pas grand-chose sans école. Non, aimer l'école n'est pas donné. D'ailleurs, s'il est un mot qui nous est étranger dans ce cas, c'est bien le mot amour. Pour nous, l'amour est surtout physique, il se trouve dans le tiroir du sexe. La case du sexe et le casier de l'école font assez bon ménage depuis que nous avons ramené l'âge de toutes les permissions aux frontières de la puberté. Autant clarifier les mystères. Les jeunes sont des adultes, ils y tiennent mordicus, tandis que les adultes veulent être jeunes pour toujours. L'éducation fondamentale fait une grande place au condom et tout le système scolaire, à l'exception du primaire, est devenu une école pour adultes. Demain, nous initierons nos enfants, dès la maternelle, à l'importance des caisses de retraite, à la Charte des droits, à la sexualité démystifiée et à la conduite automobile.

Mais l'amour et l'école, c'est déjà autre chose. Peut-on imaginer un jeune qui a soif d'apprendre, qui prend conscience de l'étendue de son ignorance, qui se passionne pour l'histoire des humains, de l'art, de la matière, de la nature, des climats, un jeune qui vibre pour l'écriture et la peinture, pour la physique et la chimie, pour la mathématique, la philosophie, la poésie, le sens et le non-sens du monde, pour la violence, la justice, la biologie et la beauté universelle de la vie? Peut-on imaginer une maîtresse qui fasse honneur à ces passions, qui vibre autant à la découverte et à la transmission des savoirs, toutes choses relatives à l'amour des êtres et de la vie, une maîtresse qui en soit une dans l'âme et dans le cœur et qui se nourrisse de l'idée que l'enseignement est un métier qui, en plus d'être beau et fondamental, se trouve à être absolument sacré.

J'ai la malfaisance de parler de l'essentiel, je sais. Mon propos est aussi impertinent que l'utopie est de taille. Imaginez des décideurs qui penseraient aux liens entre les programmes, qui songeraient à la puissance des vastes synthèses et au pouvoir des liens. Savons-nous aimer l'école et savons-nous la faire aimer? Nous n'avons plus ni le sens de la bâtisse ni le sens du contenu. Le mot métier est disparu. Aimer apprendre, aimer montrer à apprendre, tout cela n'est pas rien dans une société où le savoir est pourtant censé nous tenir à cœur. Mais apprendre à aimer et aimer faire apprendre ne sont plus des expressions courantes dans le lexique moderne. Je dirais même que nous touchons là des sujets tabous.

BERNARD ARCAND

Je dois vous avouer que j'ai beaucoup de difficulté avec TOUT. Je peux même dire sans hésiter que TOUT me crée problème. À tel point que confronté à TOUT, je m'inquiète et il m'arrive de paniquer. Soudain, je doute et j'hésite. TOUT me préoccupe, TOUT m'obsède. Mon problème n'est pas négligeable car, comme chacun sait, le TOUT, ce n'est quand même pas rien.

C'est que j'oublie trop facilement s'il faut écrire TOUT *t-o-u-t* ou *t-o-u-s* ou même *t-o-u-t-s*. Je ne suis vraiment pas très habile pour accorder le TOUT. Monsieur Grevisse a consacré à ce sujet particulièrement délicat une dizaine de pages et la prochaine fois que je les lirai sera au moins la cent trente-deuxième. Bien sûr, j'ai appris comme tout le monde que « tout à l'heure », « tout au plus », « tout d'un coup », « tout-puissant », « tout de travers » et « tout partout » s'écrivent *t-o-u-t*. Par contre, j'éprouve des difficultés considérables à garder en mémoire que TOUT est généralement invariable devant les adjectifs féminins commençant par une voyelle ou un *h* muet, comme dans la phrase « Elle était tout émue ». Mais que le même TOUT varie en genre et en nombre devant les adjectifs féminins commençant par une consonne ou par un *h* aspiré, comme dans l'expression « les oreilles toutes grandes ouvertes ».

À mon âge qui avance, j'en suis rendu à croire que je n'apprendrai jamais. Je vieillis, le problème perdure et TOUT ne cesse pas de me causer problème. À tel point que je m'y suis résigné en adoptant une solution facile : j'évite de faire des phrases comprenant TOUT.

Voulant échapper à la facilité, il m'est arrivé de m'interroger sur les raisons de ce blocage. Pourquoi suis-je manifestement incapable de maîtriser les accords du TOUT, alors que je n'ai jamais oublié que la capitale du Pakistan se nomme Islamabad, que le lithium et le potassium sont des alcalins, qu'en anglais le mot « *further* » n'a pas le même sens que « *farther* » et que le neuvième commandement de Dieu dit : « L'œuvre de chair ne désireras qu'en mariage seulement. » J'ai gardé en mémoire le théorème de Pythagore et le traité de Versailles de 1919, j'ai encore en tête « Mon, ton, son, notre, votre, leur » et j'ai souvenance d'Attila le Hun autant que d'Élisabeth II. Je n'étais pas mauvais étudiant. Pourtant, au sujet de TOUT, je ne me souviens de rien.

En mûrissant la question et en fouillant ce trou de

mémoire, je me suis souvenu, soudain, d'une certaine Série mondiale de baseball et de la fameuse épidémie de grippe de mon enfance. Je vous les raconte parce qu'elles expliquent TOUT.

J'avais douze ou treize ans et j'allais vivre deux semaines mémorables. Il était une fois, en ce mois d'octobre préhistorique, une mauvaise grippe dans l'air. Je ne sais plus si elle était espagnole, de Hong Kong, asiatique en général ou originaire de Baie-Comeau. Peu importe. Comme j'ai toujours été un être sensible et vulnérable, cette grippe m'a attrapé avant les autres et j'ai dû garder le lit une semaine entière à la maison. Ce qui faisait parfaitement mon affaire en cette semaine de Série mondiale de baseball — parce que (comme je dois l'expliquer entre parenthèses) les matchs, à cette époque reculée, étaient disputés en après-midi et donc inaccessibles aux élèves qui n'avaient pas le courage de tricher en dissimulant un petit écouteur radio dans leur oreille. Fin de la parenthèse. Mieux encore, dès que je retournai à l'école, le lundi suivant, ce fut pour quelques minutes, le temps d'apprendre que l'épidémie de grippe avait empiré et que les autorités avaient décidé de fermer l'école pour toute la semaine, soit le temps qu'il fallait pour suivre les cinquième, sixième et septième matchs de la Série mondiale. Imaginez : deux semaines de congé en octobre quand il y a enfin quelque chose de bon à la télévision.

Toutefois, selon les principes de la justice immanente, c'est le genre de hasard heureux dont il faut tôt ou tard payer le prix. Pour mon grand plaisir, j'avais raté une semaine entière d'école, mais durant cette même semaine tous les autres élèves avaient tout appris sur TOUT. Cette période de télévision forcée était justement celle où le professeur avait expliqué absolument TOUT, tandis que moi, j'écoutais le baseball et j'ignorais TOUT. Mon absence m'avait privé de l'apprentissage d'une règle de grammaire que je ne maîtriserai probablement jamais. On ne retrouve pas le temps perdu. Me voilà donc contraint à ne plus pouvoir me servir de TOUT. C'est sans doute ce qu'on appelle une erreur de jeunesse.

SERGE BOUCHARD

Si vous croyez que l'éducation ne sert à rien, essayez l'ignorance. La transmission du savoir est l'arme pricipale de l'humain dans son combat pour la survie. Notre espèce est sur ce point parfaitement unique sur terre. Notre succès se mesure à la qualité des savoirs qui se passent d'une génération à l'autre. Apprendre, c'est la condition de notre condition. Nous devons tout apprendre, nous apprenons jusqu'à notre mort. En effet, à cause de notre cerveau extraordinaire, nous avons un sérieux problème avec la mort. Au contraire de tous les autres animaux, nous savons que nous mourrons. Mais, contrairement aux autres animaux, nous ne savons pas mourir.

Le guépard court sans avoir suivi de cours, le poisson nage naturellement, l'oiseau ne met pas vingt ans à perfectionner son vol, mais nous, que faisons-nous ? Physiquement, nous sommes des animaux insignifiants. Dieu nous a faits insignifiants. Nu, l'homme est faible et ridicule. Les bébés chevreuils se tiennent debout sur leurs pattes quasiment en venant au monde. L'épaulard est si fort et si agile dans toutes les mers du monde que nous restons bouche bée devant les cabrioles de ce géant. Le vol, la dextérité, la vue, la force et la vitesse de l'aigle pêcheur nous font rêver. Il y a de quoi être jaloux. D'ailleurs, nous sommes profondément jaloux de la nature.

Car, comme il le fut remarqué à moult occasions, nous sortons du ventre de notre mère vingt ans trop tôt. Cela prend au minimum vingt ans pour faire de nous des êtres capables de nous tenir debout. Et encore. Nous sommes si complexes que nombreux sont les individus qui ne parviennent jamais à devenir ce qu'ils sont. Cela, Blaise Pascal l'a bien noté. Mais quelle est donc cette espèce animale qui investit presque un quart de siècle dans la formation de ses individus ? L'éducation n'est pas un luxe ou un choix : c'est une donnée d'espèce. De notre savoir dépend notre destin.

Quoi de plus bête en effet qu'un guépard qui ne sait pas courir, qu'un aigle qui ne sait pas voler, qu'un épaulard qui ne sait pas nager. Il n'est rien de pire qu'un être qui ne sait pas être.

*   *   *

Émettre est chose assez facile, quand on y pense. Transmettre est beaucoup plus difficile. Qui dit transmission dit articulation et gradation dans les rapports. La transmission est une multiplication. L'être humain est un communicateur tellement complexe que nous n'avons pas percé son mystère à ce jour. Ce qui nous semble mécanique à première vue, ce qui se prête aux analogies simplistes de l'électronique représente en réalité les limites naïves de notre compréhension. Nous ne sommes pas des émetteurs, nous ne sommes pas des récepteurs et les savoirs ne sont pas des messages. Un cours n'est pas une émission. Le cerveau de l'élève n'est pas ce réceptacle que l'on doit remplir, pour reprendre la vieille image du vieux Montaigne. Non, la communication est un principe de transmission qui est certainement très éloigné de ces modèles d'explication. La rencontre de deux intelligences est la réaction la plus subtile qui soit dans l'histoire de la vie.

Or il se trouve que le métier d'enseignant se trouve au cœur de cette affaire. Le professeur communique dans le sens de transmettre. Il éveille, il allume, il accompagne, il vérifie, il sent, il fait en sorte que l'assemblée des étudiants prenne et apprenne ce qu'il y a à prendre et à apprendre. Nous pouvons émettre à l'infini sans attendre de réponse. Mais nous ne pouvons pas transmettre dans le vide. Car transmettre dans le vide est un défaut de transmission. Cependant, rassurons-nous : nous sommes des êtres intelligents. Nous savons tous ce qu'est un bon professeur, même si nous ne savons pas vraiment comment il s'y prend pour transmettre avec tant d'efficacité le savoir qu'il possède. En ces matières, la compétence se constate plus qu'elle ne s'analyse.

Dans un autre monde, on parlerait de vocation.

BERNARD ARCAND

Les gens, en général, connaissent plutôt mal ce qui se passe vraiment à l'intérieur de l'école. Même les parents les plus assidus, les habitués des comités secs et des réunions plates, même ceux-là ont souvent beaucoup de difficulté à comprendre ce qui se passe réellement dans la vie quotidienne d'une classe. Et probablement que le pire moyen de s'en informer serait de chercher à construire une image représentative du métier d'enseignant en écoutant les informations ou les discussions publiques offertes par nos principaux médias de communication.

Peu de professions pourraient se vanter de projeter une image aussi mouvante et incertaine. Il semble tout à fait raisonnable que le public éprouve un sentiment de confusion. Personnellement, en tout cas (sans être certain que mon cas soit exemplaire), j'avoue être aujourd'hui un peu mêlé devant tant d'images disparates.

J'ai d'abord entendu parler de la maîtresse d'école ancienne, vieille fille tout à fait sèche et respectable, sous-payée mais totalement dévouée, celle que tout le monde dans le village appréciait et prenait en pitié, à la manière de mère Teresa, car nul n'aurait voulu prendre sa place. Par la suite, j'ai vu apparaître à la télévision l'enseignante typique incarnée dans les formes d'une jeune femme dévouée et passionnée, fille de Caleb, de Marcel ou de Jean-René. Cependant, dès que la minisérie dramatique se terminait, le téléjournal m'apportait une nouvelle transformation radicale de l'image : il n'y a pas si long-temps, en écoutant Camil Samson (ou, ce qui revenait au même, Elvis Gratton), on pouvait croire que l'enseignant moyen avait changé de sexe et s'était transformé en jeune professeur d'histoire « séparatisse » et barbu, du genre à décrocher les crucifix de nos écoles et à remplacer la religion par le « sexxxe » dans un vaste complot pour endoctriner nos enfants. C'était l'époque où les contestataires auraient juré que le coq pouvait bien chanter trois fois, jamais ils ne finiraient dans la peau d'un député libéral à Ottawa. Un peu plus tard, on a vu apparaître dans les mêmes bulletins de nouvelles l'image peu glorieuse de l'enseignant pédophile ou proxénète, avec ou sans soutane. Avouez que tout cela fait beaucoup de portraits contra-dictoires et permettez à l'ignorant que je suis de se sentir quelque peu hésitant sinon franchement confus. Si j'en crois mes yeux, l'image composite de l'enseignant typique com-mence à ressembler dangereusement à celle d'une Marina Orsini marxiste-léniniste et pédophile !

Pour y voir plus clair, je vais plutôt suivre l'exemple du citoyen moderne et me méfier de la plupart des images qui me sont offertes : le monde est aujourd'hui plein de mensonges et on ne peut aucunement se fier à ce que racontent les médias. Il ne reste donc que mon expérience personnelle intime qui puisse m'inspirer confiance et me permettre de juger le monde.

Or, quand je songe aux individus qui ont été mes ensei-gnants, ceux que j'ai moi-même connus, je retrouve encore des profils divers et contrastés. Je me souviens du père Taché, pas-sionné de biologie, grand amant de la nature et fanatique de toute la vie qui bat, au contact de qui il aurait fallu être cliniquement mort pour ne pas apprécier la magie d'une simple respiration ou la grâce infinie d'un battement d'aile. Heureusement, de tout temps, dans chaque école, des enfants ont la chance de côtoyer au moins un père Taché. Par contre, il y avait aussi monsieur Vallée, prof de chimie, science difficile à enseigner, et qui, par surcroît, n'était manifestement pas à l'aise dans le métier. Bègue incontinent, malheureux en amour, laid de sa personne, il était la cible facile de la méchanceté infantile et la victime d'un alcoolisme précoce à l'époque où le *burn-out* n'avait pas encore été inventé. Malheureusement, il restera probablement toujours des monsieur Vallée. Enfin, mon troisième modèle fait appel à un tout autre ordre de réalité. Je veux parler de madame Filion. Marie-Claude, je crois, de son prénom. Il me semble qu'elle enseignait le français ou la géographie. Peu importe. Et qui sait si j'avais douze ou treize ans ? L'essentiel, c'est que j'avais rencontré la maîtresse idéale. La Marie Madeleine par excellence, celle qui est capable de prendre dans ses bras la vie entière et de la serrer sur son sein. Celle qui nous a appris à mettre les points sur les *i*. Elle incarnait l'AMOUR en lettres majuscules. Entre ses cuisses, on aurait voulu naître et dans ses bras, on aurait accepté de mourir.

Trois enseignants fort différents. Trois personnalités distinctes et trois façons très contrastées d'exercer le métier. Mais le plus curieux, dans ces souvenirs des écoles de ma jeunesse, c'est qu'en y pensant aujourd'hui, c'est-à-dire plusieurs années plus tard, je crois comprendre mieux maintenant à quel point chacun de ces trois enseignants m'a beaucoup appris.

*   *   *

Il n'est pas nécessaire d'être un génie pour devenir enseignant. Et s'il est recommandé d'avoir une bonne santé, il n'est cependant pas requis d'être particulièrement grand ou costaud. Ce n'est pas non plus une exigence du métier que d'être beau, élégant ou sexy. Les vraies qualités essentielles de l'enseignant compétent sont d'une autre nature.

D'abord, il est fondamental que l'enseignant se montre

juste envers ses élèves. Face à une classe d'enfants, il ne doit jamais accorder de traitement de faveur, il ne doit jamais utiliser deux mesures pour deux poids et il doit résister à la tentation de se faire un petit chouchou. Deuxièmement, les enfants doivent pouvoir se fier à leur professeur, ce qui exige de leur inspirer pleine confiance. Ainsi, le bon enseignant demeure fidèle et constant, il reflète la sainte paix intérieure. Enfin, le bon enseignant doit comprendre les petits êtres humains qui lui sont confiés et surtout savoir pardonner les erreurs et les gaffes de ces jeunes gens engagés dans un délicat processus d'apprentissage rempli d'embûches.

En somme, au-delà de la compétence et de la vocation, le bon enseignant doit se montrer infiniment juste, saint et miséricordieux. Cela ne vous rappelle-t-il pas quelque chose ou quelqu'un ? Souvenez-vous de la page 4 du *Catéchisme des provinces ecclésiastiques de Québec, Montréal et Ottawa* (approuvé le 20 avril 1888, édition de 1944). Au chapitre deuxième, article 17, vous y trouverez la célèbre description du Tout-Puissant comme infiniment juste, infiniment saint et infiniment miséricordieux parce qu'infiniment parfait. C'est simple, voilà tout ce qu'il faut pour être un bon enseignant. Pas besoin d'être un génie, il suffit d'être parfait. On leur demande la perfection et c'est amplement suffisant. C'est clair et absolument divin.

Mais si tout cela vous paraît excessif ou décourageant, rassurez-vous, car il existe une solution immédiate : pour être bon enseignant, il suffit, exactement comme le Tout-Puissant, d'être profondément croyant. C'est-à-dire qu'il faut faire infiniment confiance et ne pas hésiter à prendre un risque infini.

SERGE BOUCHARD

Il fut une époque où nous faisions un lien entre l'architecture d'un édifice et sa fonction. Nous vivions alors dans des cultures qui sacralisaient le lieu d'une action en la liant audit lieu. Il en va des écoles comme des temples. Pour prendre la mesure de notre culture, il suffit de regarder son architecture. Mon point de vue sur ce sujet est parfaitement rétrograde. Je suis frappé par la laideur de nos écoles modernes. Le phénomène dure depuis plus de cinquante ans et il se trouve que j'ai moi-même plus de cinquante ans. Rien ne m'aura été épargné.

J'ai commencé ma première année à l'école Saint-Enfant-Jésus de Pointe-aux-Trembles. L'événement comptait puisque l'école était neuve et qu'elle accueillait ses premiers élèves. Les tableaux étaient verts, ce qui représentait la nouveauté moderne. Il nous semblait que la craie suivait le train du changement : elle semblait moins poussiéreuse, plus blanche, plus mince, plus lisse. Mais pour le reste, notre école neuve montrait la forme d'une simple boîte carrée, aux briques d'un beige tirant sur le très drabe, le tout entouré d'une grande cour d'asphalte forcément neuve, gris foncé, noir propre. Je ne dis rien de la belle clôture Frost qui m'aura pour toujours donné une vision gris métallique et grillagée du monde. De cette école, j'aurai vu la naissance et la mort. Elle a eu une durée de vie de vingt-cinq ans. Aujourd'hui, la bâtisse joue le rôle de résidence pour les vieux. Mon école a vieilli prématurément. N'en soyons pas surpris ; à l'origine déjà, elle ne ressemblait à rien. Elle aurait pu se prêter à tout, être un garage, un entrepôt, une usinette ou un mouroir.

Nous avons tous des souvenirs de cette formidable décadence. Depuis 1950, la laideur le dispute à l'insignifiance dans l'ordre du bâti. D'ailleurs, tout se ressemble, le bureau de poste, la caserne des pompiers, les banques, les édifices gouvernementaux, les maisons de rapport, les prisons, les bungalows. Ce n'est pas un hasard si ce sont les églises qui ont poussé le plus loin dans l'horreur. Elles étaient les plus belles, il fallait qu'elles deviennent les plus laides. Les écoles ont suivi dans la foulée. Mais soulignons ceci : une école qui ne ressemble pas à une école n'est pas d'avance. Il faut bien que bâtisse ait une âme. Si l'école était aussi sacrée qu'on le dit, cela se saurait, cela se verrait dans la qualité de ses murs. Toutefois, nous n'avons plus le culte des choses, c'est le cas de le dire. Le matériau l'emporte sur le contenu. Les murs sont des enveloppes et les enveloppes sont budgétaires. Nous avons une architecture qui nous ressemble. Les constructions sans âme sont peu propices à la construction de l'âme.

J'ai dans la tête certaines églises modernes où même l'idée de Dieu ne passe pas. Lui, qui est partout, déserte malgré tout certains endroits. Pour l'école, c'est pareil; il est des constructions où l'idée de nous construire ne nous viendrait pas à l'esprit.

BERNARD ARCAND

Tout le monde sait qu'il y a beaucoup de choses à apprendre à l'école et que malgré leurs protestations, les jeunes n'en ont certainement pas trop de toutes ces années pour réussir à maîtriser le français et les mathématiques, l'histoire et la géographie, les langues étrangères et les sciences naturelles. Il y a en plus l'éducation physique, les sciences morales et les arts plus ou moins abstraits ou populaires, sans oublier qu'à l'extérieur des salles de cours, les jeunes profitent de la formation qu'apportent les activités parascolaires : les joies et les peines de la rédaction d'un journal, la participation aux sports d'équipe, l'organisation d'un spectacle de fin d'année. Dans tous ces cas, les jeunes parfont l'apprentissage de la discipline, de la rigueur et de la politesse. Ils doivent être à l'heure, savoir prendre leur place, faire leurs devoirs, écouter attentivement et sans déranger, apprendre à se taire, bref, tout ce qu'il faut pour se transformer par la suite en admirables citoyens. Tout cela est bien connu.

On pourrait ajouter que le milieu scolaire demeure l'endroit privilégié où l'enfant construit sa personnalité propre et son identité sociale. C'est le plus souvent à l'école que l'enfant se cherche en faisant l'expérience de ses relations avec les autres : est-il le dernier à être choisi au sein de l'équipe de ballon-chasseur ? a-t-il du succès lors de l'élection du représentant de classe? est-ce que les autres rient quand il leur fait une grimace? se moque-t-on de lui à la récréation? Voilà autant de questions essentielles dont les réponses enseigneront peu à peu à l'enfant qui il est. Est-il populaire, aimable, admiré? Modérément marginal, différent ou handicapé? Un peu trop gros, un peu trop laid, boutonneux ou niaiseux? Rien de tout cela n'est simple ni facile pour personne. L'écolier affronte l'apprentissage de la vie en société. Cela aussi, on le sait très bien.

Par contre, il est une autre dimension dont on ne parle pas suffisamment : l'école se charge aussi d'enseigner aux jeunes que la vie est parfois dure, injuste, ingrate et brutale. Au-delà des matières reconnues et sanctionnées par le ministère, il est essentiel que les élèves comprennent tout de suite que le destin existe vraiment, qu'il se montre souvent intraitable et qu'ils n'y pourront à peu près rien. Car une fois entendus les beaux discours sur l'effort et la réussite méritoire, les promesses de récompenses méritées, ils doivent apprendre à survivre à l'injustice brutale et aveugle qui les attend à l'extérieur. Il s'agit d'une tâche délicate qui ne peut être mentionnée dans les prospectus officiels ni dans les discours de la rentrée gentils et optimistes. Néanmoins, c'est une tâche dont l'école s'acquitte admirablement.

Citons l'exemple de monsieur Ouellet, le titulaire réputé que tous les jeunes craignent. Responsable d'une classe de quatrième, le nom de monsieur Ouellet s'entend déjà dans les conversations des élèves qui n'ont pas encore terminé leur troisième. Le personnage habite leurs cauchemars durant tout l'été. Car ils savent qu'il y aura cinq classes de quatrième et tous souhaitent que le mauvais sort ne les envoie pas comme de misérables condamnés dans la classe de l'horrible monsieur Ouellet, celui qui est toujours triste et fatigué, celui qui ne rigole pas avec la discipline et qui, apparemment, ne sourit jamais. Quand viendra septembre, dans la cour de l'école ou au gymnase, ou par le biais d'une lettre discrète remise à chacun, vingt pour cent des nouveaux élèves de quatrième apprendront brutalement que les esprits malins de la direction scolaire les ont confiés à monsieur Ouellet pour l'année. Mauvais sort, malchance, *bad luck,* quel que soit le terme choisi, il faudra désormais composer avec la cruauté maudite du destin.

Le mode d'apprentissage est rude mais nécessaire. Certains enfants en sortiront grandis. D'autres traverseront toute l'année malheureux comme la pluie. D'autres encore risqueront le découragement et le décrochage. L'épreuve est cruelle, certes, et l'on peut comprendre les parents qui se plaignent de la répartition des classes et du mauvais sort qui afflige leur enfant. Mais peut-être faudrait-il se préoccuper davantage des autres, ces quatre-vingts pour cent d'élèves de quatrième qui se croient bénis des dieux parce que le sort les a mis à l'abri de monsieur Ouellet. Ils se considèrent chanceux, ils croient que leur bonne conduite leur a évité le pire des châtiments et que, après tout, il y a une justice. Attention, ces enfants sont mal préparés et la vie leur réserve des surprises.

SERGE BOUCHARD

Entre la prostitution, la vente et l'enseignement, il faut choisir. Quel métier est le plus ancien? Comme nous ne sommes rien sans apprendre, il apparaît que l'on a dû enseigner la vente et la prostitution. Le métier de professeur serait donc le plus vieux du monde. Plus précisément, ce sont l'enseignement de la vente et celui de la prostitution qui furent parmi les tout premiers programmes. Autrement, il nous faudrait admettre que certaines choses nous viennent naturellement.

BERNARD ARCAND

Les inventeurs anonymes de certaines expressions populaires devraient être recherchés par la police et sévèrement punis par une longue retenue durant laquelle ils auraient à méditer la

bêtise de leur trouvaille. Prenez une formule aussi connue que
« comme des enfants d'école ». Lorsqu'on entend dire de certaines personnes qu'elles se sont « fait avoir comme des enfants
d'école », cela laisse entendre que les enfants d'école sont naïfs,
manipulables, un peu nonos et que, de fait, à peu près n'importe
qui pourrait les mettre dans sa main. De toute évidence, l'inventeur de cette expression n'avait pas remis les pieds dans une
école depuis très très longtemps.

*   *   *

Certains esprits méchants nous prédisent la disparition
prochaine du beau métier d'enseignant, sous prétexte que les
technologies de communication progressent à grande vitesse et
nous inventent sans cesse de nouveaux modes de transmission
du savoir, des moyens toujours plus rapides et efficaces, qui permettent aux jeunes, en manipulant quelques outils simples,
d'avoir accès directement aux meilleures sources d'information
pédagogique. Dans peu de temps, dit-on, tous les cours, toutes
les matières deviendront ainsi accessibles à chaque enfant bran-
ché qui pourra dès lors, à son rythme et à son aise, bricoler son
propre cheminement selon ses forces et ses faiblesses particulières. Cet enfant de l'avenir proche aura uniquement recours à
un guide pédagogique secondé d'un conseiller en informatique.
Fini l'enseignant omniscient laissé seul avec sa classe d'enfants.
    Ces visionnaires de l'avenir n'ont manifestement rien com-
pris au métier d'enseignant. Ils croient naïvement que l'enseignant est là pour transmettre des connaissances et informer ses
élèves. Comme si le rôle d'un parent se résumait à nourrir son
enfant. Il serait sans doute utile de leur rappeler les résultats
d'une célèbre recherche en psychologie au cours de laquelle des
bébés chimpanzés avaient le choix entre deux fausses mères
métalliques, l'une porteuse d'une bouteille de lait, l'autre recou-

verte d'un tissu doux et soyeux. Les bébés ont préféré aller se blottir contre la tendresse du tissu plutôt que de s'alimenter auprès d'une nourrice froide.

Voilà pourquoi j'ai toujours été fasciné par la politique du ministère norvégien de l'Éducation interdisant les bulletins scolaires avant l'adolescence. Un choix justifié par le fait qu'il n'est pas facile d'assumer ses insuccès et que les conséquences d'une mauvaise gestion de l'échec dépassent largement les besoins de l'évaluation continue. Un échec, vu par les autorités scolaires, traduit tout simplement le fait d'avoir failli à son devoir lors d'un test ou d'un examen. Or on sait à quel point certains enfants acceptent mal leurs échecs et en viennent rapidement à se convaincre qu'ils sont nuls, sans aucun talent ni avenir, ce qui impose aux autorités scolaires un effort supplémentaire afin de persuader ces enfants que nul n'est totalement nul et que, tôt ou tard, le succès récompensera le travail et le mérite.

D'autre part, il semble que nos responsables de l'Éducation nationale, qui ne sont pas Norvégiens, font trop peu attention à une autre réaction, plus grave encore, face à l'échec et dont les conséquences sont souvent dramatiques. Je veux parler de la conviction sournoise que le prof nous hait : non seulement l'examen était « *full tough* », non seulement je n'ai pas eu le temps de finir et j'avais mal à la tête, mais le prof, de toute façon, ne m'a jamais aimé. Certains enfants ne s'en remettent jamais. Ils se métamorphosent en adultes convaincus que l'humanité entière les déteste et que cela suffit à expliquer (excuser) leurs insuccès.

On dirait que les Norvégiens ont retenu la leçon des bébés chimpanzés et refusent de croire à l'arrivée prochaine sur le marché d'un ordinateur pédagogique douillet, aimable et amoureux qui réussirait à remplacer nos maîtresses. Tout le savoir du monde paraît bien secondaire quand l'éducation est reconnue pour ce qu'elle est : une expérience de séduction à l'extérieur de la famille. En d'autres termes, si l'on voulait être franc, il faudrait considérer l'école comme l'une des conséquences de l'interdit de l'inceste. On doit y trouver ce que la maison n'a pas le droit d'offrir.

SERGE BOUCHARD

Personne ne grandira qui ne s'admet petit. Le plus petit des êtres sera toujours celui qui ne veut rien savoir. Nous vivons une époque difficile quant à l'enseignement. Nous donnons aux jeunes une valeur qu'ils n'ont pas. Ils doivent tout apprendre mais comment enseigner à ceux qui sont rois d'office ? En montagnais-innu, maître veut dire guide, celui ou celle qui montre le chemin à suivre. Quoi de plus beau que celui qui précède, que celle qui tend la main et montre les exemples, quoi de plus riche que de pouvoir compter sur le savoir des guides ?

Il n'y a de réel que l'idéal. Pour vivre sa vie, il faut apprendre à la vivre, apprendre à marcher, à débroussailler sa route, à reconnaître ses directions. Les mondes transmis ont toujours été des mondes complets et considérables. Au sein d'une société ancienne et animiste, vivant de chasse et de pêche, la formation des jeunes n'était pas de la tarte. Il fallait en apprendre des choses pour seulement être à la hauteur. Il fallait apprendre tous les liens symboliques entre les choses et le vivant, le pouvoir de chacune des pierres, des arbres, des moustiques, le rapport entre les étoiles et les ancêtres, les noms de tous les humains de son clan, ceux des clans voisins, la liste des admis, des interdits, la connaissance intime de la terre, la maîtrise de son âme, la maîtrise de son corps, toutes les dextérités fines qu'il faut une éternité pour acquérir, et je ne saurais ici faire la liste interminable des programmes scolaires préhistoriques dont personne n'a gardé le souvenir. Il en fallait de la jarnigoine pour être primitif.

BERNARD ARCAND

Vous savez sans doute mieux que moi que toutes les écoles du monde font généralement une distinction assez nette entre les « petits » et les « grands ». Dès le niveau primaire, la vie s'organise en séparant les tout-petits de ceux qui, en sixième année, sont déjà considérés comme « grands ». Dans certaines écoles, on prévoit des périodes de repas pour les petits et d'autres pour les grands et l'on sépare la cour des petits de celle des grands. De même, dans certaines écoles secondaires, l'essentiel de la discipline consiste à protéger les petits des menaces proférées par les grands. Même à l'université, il se crée des barrières assez étanches entre les étudiants de première année de baccalauréat et ceux qui terminent leur doctorat.

Ces distinctions sont des marqueurs du processus continu de la maturation et de la socialisation. C'est l'un des rôles essentiels de l'école que d'assurer le passage du statut de « petit » à celui de « grand ».

Cela implique que les enseignants doivent pouvoir assumer deux rôles fort distincts : celui de parents auprès des tout-petits, celui de grands frères ou de grandes sœurs auprès des plus grands. Les premiers servent de guides et de protecteurs, les seconds font confiance et accompagnent. Une bonne école doit respecter cette nuance et les meilleurs enseignants assurent cette transition en douceur.

Il va de soi, en revanche, que les pires enseignants (rassurez-vous, ils se retrouvent principalement au cégep et à l'université) commettent l'erreur de faire précisément l'inverse : ils cherchent à se rajeunir en traitant comme des copains les étudiants de première année mais considèrent de haut les étudiants plus avancés dont les travaux et la compétence les menacent directement. Tout le contraire du bon sens. Un recteur entreprenant renverrait ces universitaires sur les bancs de l'école, question de leur rafraîchir la mémoire et de leur rappeler l'essentiel du métier d'enseignant.

*   *   *

Au risque de paraître fat et vaniteux, je vous raconte que j'ai reçu un jour un prix littéraire relativement prestigieux. Peu de temps après, j'ai eu le plaisir de rencontrer un ami d'enfance que je n'avais pas revu depuis vingt ans. Après m'avoir gracieusement félicité pour ce beau prix, il m'a demandé sans hésiter : « T'avais eu qui, comme prof, en première année ? » « Mère Sainte-Flavie », lui ai-je répondu. « Voilà ! me dit-il, ça explique tout ! »

Sur la base de cette anecdote, on peut tirer une conclusion générale concernant la différence entre une révolution sociale et une révolution culturelle. La première modifie les rapports sociaux, la seconde transforme les mentalités.

Considérons par exemple la question de la sous-représentation des femmes dans l'enseignement universitaire, c'est-à-dire au niveau perçu comme le sommet du vaste monde de l'enseignement. La réforme est en marche et certains y voient une véritable révolution sociale. Des pressions sont exercées, il y a des systèmes de quotas, quelques préjugés favorables, des mesures incitatives, bref, des moyens sont mis en place pour favoriser l'entrée des femmes à l'université. La société accepte désormais le droit des femmes à assurer un enseignement universitaire et approuve généralement les moyens de corriger la discrimination traditionnelle.

Par contre, il serait beaucoup plus difficile de lancer une révolution culturelle pour corriger une autre anomalie sexiste, la sous-représentation des hommes à l'autre extrémité du monde de l'enseignement, c'est-à-dire en maternelle et en garderie. Peut-être resterons-nous longtemps encore loin de la quasi-parité que l'on rencontre dans certaines parties de la Scandinavie. Les mesures incitatives et les quotas ne suffiront pas, car il faudra également changer les mentalités et convaincre la populace que les hommes qui s'intéressent aux très jeunes enfants ne sont pas nécessairement des sous-hommes ni de dangereux pédophiles. Culturellement, il y a du travail à faire !

Mais la tâche la plus ardue pour assurer une révolution culturelle encore plus complète consistera à éliminer l'un des préjugés les plus élémentaires et à faire admettre par tous que si l'université demeure le fleuron de l'éducation supérieure, c'est d'abord à la petite école que l'essentiel se joue.

Voilà ma façon de dire merci à mère Sainte-Flavie.

VI

LE SCOTCH TAPE

Les gens de ma génération se souviennent tous du spara-drap du capitaine Haddock. Je n'ai pas vérifié l'histoire mais je crois qu'il s'agit de l'album intitulé *L'Affaire Tournesol*. Pendant des pages de voyages et d'aventures diverses, le capitaine n'ar-rive pas à se débarrasser d'un bout de scotch tape qui lui colle au doigt, au chapeau, à la veste, au pantalon, au soulier, aux doigts encore pour finalement se retrouver sur quelqu'un d'autre qui vivra les mêmes péripéties. Il s'agit d'une séquence inoubliable parmi les grands classiques de l'imaginaire des Tin-tin.

Moi et des milliers de jeunes de l'époque avions appris ensemble l'existence du mot sparadrap. Qui nous semblait bien curieux. Car nous utilisions le mot « plaster » quand il s'agissait de nommer ce ruban adhésif devenu le petit pansement des petites plaies des petits jours. Je retrouve dans ce passé la méde-cine générale de mon temps. Un peu de sirop Lambert, de l'huile de ricin, des plasters et des plasters, voilà comment l'on nous soignait. Cette liste résumait l'inventaire de notre phar-macie, de notre infirmerie. Nous étions une enfance naturelle-ment écorchée et nous avions rarement les genoux, voire les coudes à l'air. Alors, les plasters faisaient partie de notre cos-tume d'Adam.

D'ailleurs, en situation d'urgence, je redirais automatiquement encore aujourd'hui le mot « plaster », comme ça, sans y penser, si j'en avais besoin dans la seconde. Nous parlons là du vieux fonds culturel de mon identité. Cela s'appelle des mots fondateurs. Le sparadrap nous semblait franchement drôle, considérablement exotique et le mot même ajoutait à la drôlerie.

Par le biais du sparadrap du capitaine Haddock, il y a moyen de reconnaître l'imaginaire souvenir de toute une génération, une qui sait tout le sens de l'expression « mettre un plaster sur un problème ». Comme quoi l'identité s'inscrit dans le papier. Ici, dans un petit bout de papier collant.

BERNARD ARCAND

Peut-on faire l'éloge du mauvais goût ? D'habitude, on n'en parle que pour le dénoncer, s'en plaindre ou, pire, pour accabler de ridicule les pauvres gens qui en font couramment étalage. Pourtant, le mauvais goût a son importance et les historiens devraient s'y intéresser. D'abord parce qu'il est évident que le bon goût du moment, celui que tous les beaux esprits recherchent, ne dure jamais longtemps. Dans la plupart des cas, il s'estompe assez rapidement pour finalement, à l'échelle de l'histoire, n'avoir l'air que d'une mode bien éphémère. Selon les époques, il a été de bon goût de porter crinoline et corset, ou, pour les hommes, bas de soie, chapeau haut-de-forme, tonsure et filet à moustache, perruque parfumée ou pierre précieuse insérée dans la paroi latérale du nez. Les snobs ont toujours aimé définir le bon goût qui leur permettait de se distinguer de la populace. Mais on le sait, la mode vieillit mal et les snobs ont souvent été les gardiens fanatiques de bons goûts qui n'avaient aucun avenir.

Par la même logique, le mauvais goût doit nécessairement être évité. C'est une erreur de jugement, l'indice inquiétant d'un manque d'éducation ou la trace d'une origine sociale modeste.

Bref, rien de recommandable et rien pour faire avancer les choses. Bien sûr, les jugements peuvent changer et le mauvais goût d'hier peut devenir la mode d'aujourd'hui ; l'affreuse tour Eiffel, très mal perçue à l'époque, est désormais au centre des cartes postales de tous ceux qui pensent encore que Paris est une belle ville. Le mauvais goût laisse des traces, et il faudrait un jour en écrire l'histoire et celle de ses conséquences à long terme.

Considérez le cas des automobiles deux couleurs. Durant une brève période, ces véhicules ont résumé l'essence du mauvais goût : des autos vertes en bas et jaunes en haut, des autos noire et blanche, moitié brunes et moitié turquoise, bourgogne et fuchsia. Des autos criardes qu'un musée ne conserverait que par dérision. Des véhicules qui étaient populaires au sein des classes sociales qui s'accommodent plus facilement du mauvais goût. Cette mode semble avoir disparu et, de nos jours, on ne voit pratiquement jamais de Bentley deux tons ni de Lamborghini bicolore.

Mais cette petite page de l'histoire du mauvais goût ne fut pas sans conséquences. Dans les années 1920, alors que la demande d'automobiles deux tons était forte, les travailleurs de l'industrie devaient peindre ces véhicules en respectant minutieusement la frontière entre les deux teintes de peinture. Les peintres travaillaient sur le haut en couvrant le bas de journaux, puis laissaient sécher, pour ensuite recouvrir la partie supérieure de journaux afin de peindre le bas. La procédure était lente, complexe et délicate. C'est ce qui incita monsieur Richard Drew à inventer une mince bande de papier qui pouvait être facilement collée sur le côté du véhicule, de façon à pouvoir respecter, sans aucune bavure, la délimitation des deux teintes ; le papier adhésif était par la suite simplement décollé, une fois les deux peintures appliquées.

Quelques années plus tard, la compagnie 3M lançait sur le marché une version commerciale de cette mince bande adhésive, et le scotch tape est né. Avec son petit embout de papier aux couleurs vives d'un tartan écossais. Le monde ne serait plus jamais le même. Longtemps après la disparition des autos deux tons, un obscur petit détail lié à cet objet de mauvais goût s'est transformé en outil indispensable de la vie moderne.

Reste un détail : pourquoi cette appellation ? Pourquoi le ruban adhésif est-il « *Scotch* » ? Qu'y a-t-il d'écossais là-dedans ? Encore une fois, tout s'explique par le mauvais goût. D'abord, celui des Écossais qui sont, comme chacun le sait, parcimonieux, pingres et terriblement chiches. Ensuite, il y a le mauvais goût de tous ceux et celles qui racontent des blagues au sujet des Écossais et qui, de ce fait, perpétuent cette fausse réputation. Ainsi, les travailleurs de l'industrie automobile, voyant que le ruban adhésif original n'avait de colle qu'en bordure, en conclurent que c'était par mesure d'économie et baptisèrent le ruban « écossais ».

En adoptant rapidement le produit et son appellation, l'humanité entière fit une nouvelle fois la preuve qu'elle progresse parfois par séries cumulatives de fautes de goût.

SERGE BOUCHARD

L'évolution sociale et technologique suit des lignes directrices parfaitement reconnaissables quand nous examinons nos liens. Des clous et des rivets, des ficelles et des cordes, des câbles et des rubans, l'humanité est obsédée de bricolage, elle cherche à réunir et à faire tenir ensemble ses morceaux et ses parties. La peur de s'ouvrir et de s'éparpiller gouverne nos recherches et les cerveaux les plus appliqués n'arrêtent pas de faire des miracles en ce sens. Le ruban s'inscrit dans cet ordre. Mine de rien, n'ayant l'air de pas grand-chose, il vient s'ajouter à l'inventaire de nos liens, il prolonge la corde, il complète le câble, il contribue au réseau. Déjà chargé d'une immense résonance symbolique dans l'ordre des médailles d'honneur, des cadeaux, des cordons bleus et wampums de tout acabit, voilà que le ruban envahit le substrat de nos vies. Il devient cinématographique, magnétique pour le son, magnétoscopique pour l'image, électronique pour les données, toutes les bandes sont des rubans et le reste est à l'avenant. Nous entrons dans le troisième millénaire parfaitement enrubannés, c'est-à-dire liés, inextricablement liés. En ce nouveau siècle, le ruban importe autant que l'acier. Si Charlie Chaplin refaisait son film sur les machines, il retiendrait l'idée des rubans qui nous lient et nous identifient. Nous sommes des momies numérotées, des unités retraçables, six milliards de fichiers empêtrés. À cause des rubans. Trop de liens paralysent. Dans cette quête universelle de la réunion de tout, l'invention du ruban gommé représente une percée impériale, que personne n'a d'ailleurs remarquée.

BERNARD ARCAND

Le scotch tape est un outil de l'allégresse. La plupart du temps, l'occasion est joyeuse : Noël, anniversaire ou célébration quelconque, le ruban adhésif accompagne les instants de joie et le grand plaisir d'offrir ou de recevoir un cadeau. Enveloppé et enrubanné, signe évident de générosité et d'amour, le cadeau porte en lui l'esprit du don, une qualité mystérieuse et une valeur ajoutée qui permettent à une simple paire de pantoufles de réchauffer le cœur tout autant que les pieds.

L'esprit du don est une qualité invisible aux yeux qui ne sont pas ceux du cœur. Mais ceux qui savent apprécient l'amour transmis par le cadeau. Le présent s'exprime de lui-même et le donneur élégant peut se permettre de demeurer discret.

Mais je dois avouer qu'en ce domaine il m'est particulièrement difficile de me montrer discret. J'arrive rarement à laisser mes cadeaux parler en mon nom. C'est que, sous l'arbre de Noël, les présents que j'offre et que j'ai emballés sont particulièrement faciles à reconnaître. Mes amis, les membres de ma famille, ceux et celles qui me connaissent aperçoivent tout de suite les cadeaux qui témoignent d'un usage abusif de ruban adhésif : mes paquets se distinguent soit par un manque de papier d'emballage compensé par quelques grands bouts de scotch tape, soit par un excès de papier replié et aplati par beaucoup de scotch tape. Mes cadeaux ne peuvent être appréciés que par des personnes qui adorent les cadeaux ou qui m'aiment suffisamment pour excuser l'incompétence de mes emballages.

Ce qui soulève une question d'intérêt général. Comment peut-on traiter un sujet et en discuter ouvertement lorsque celui qui en parle est manifestement incompétent ? De quel droit les critiques de musique peuvent-ils être de mauvais pianistes ? Comment peut-on être analyste de boxe et porter d'épaisses lunettes à double foyer ? Faut-il avoir soi-même du talent pour mériter l'autorisation de commenter ? Je n'en crois rien. Au contraire, du fait de ma maladresse, je pense être plutôt bien placé pour apprécier le scotch tape. J'en donnerai pour seule preuve un incident absurde mais tragique : Roland Barthes était mondialement reconnu comme un analyste particulièrement raffiné des subtilités de la vie moderne ; or le destin maudit a voulu que Roland Barthes soit bêtement renversé par un autobus dans une rue de Paris. Lui qui savait lire et décoder avec finesse les signes les plus subtils de la modernité, lui qui trouvait du sens dans les moindres indices, n'a jamais vu venir un gros autobus. À ce compte-là, je peux me permettre de parler du scotch tape encore longtemps.

SERGE BOUCHARD

Dans le bel emballage d'un cadeau, le scotch tape doit se cacher. Tout consiste à le masquer. Lorsque d'aventure nous sommes obligés de faire à la sauvette, nous donnons le cadeau en prononçant cette formule consacrée : « Excusez le scotch tape, je n'ai vraiment pas eu le temps de faire mieux. » Le scotch tape, comme le clou, n'a pas le privilège de l'apparence. Il appartient à cette zone obscure où l'essentiel se réfugie dans le non-dit. Cela s'appelle jouer un rôle effacé.

Dans l'emballage des cadeaux de Noël, le scotch se cache sous les choux. Le ruban gommé se cache sous le ruban doré.

« Excusez le scotch tape » signifie que l'on s'excuse de la vérité. La belle finition est un mensonge, les dorures trompent forcément l'œil. Le scotch tape manque peut-être de fini, comme on dit, mais il a l'avantage de son humilité. Il tient le temps qu'il faut, pas une seconde de plus. Il ne prétend pas à la durée.

* * *

Ruban gommé se dit mieux que scotch tape. Mais cela ne lui a pas servi, car malgré la bizarrerie de l'expression « scotch tape », cette dernière s'est imposée partout. Le scotch tape, c'est le scotch tape. Cela permet de vérifier une autre fois que tout rentre dans l'usage si l'on répète suffisamment le mot sur une longue période. Les mots les plus rebutants deviennent des mots courants, quand on y met toute la gomme.

BERNARD ARCAND

Serions-nous devenus la civilisation du scotch tape ? Que diront de nous les enseignants du programme d'histoire des écoles secondaires de l'an 2540 ?

Le dictionnaire *Robert*, le petit, accepte le mot « scotch », comme ils disent en France, et le définit soit comme un whisky écossais, soit comme un ruban adhésif transparent. Les deux sens ont peu en commun. Pour qu'un whisky soit transparent et colle au palais, il faudrait qu'il soit franchement mauvais (quoique certains amis qui boivent beaucoup de whisky puissent à l'occasion devenir particulièrement collants). Mais parlons plutôt de la transparence. Le scotch tape est un ruban adhésif transparent, exactement comme la télévision de la transparence qui nous montre chaque jour le strip-tease des vérités intimes : nous avons le choix entre un reportage sur le fonctionnement interne du cerveau, sur les habitudes alimentaires des bébés kangourous ou sur un accident d'avion qui nous fait voir des fragments de restes humains ; la télévision américaine s'attarde sur les nervures du sexe du Président, la télé communautaire nous fait partager la profondeur du désespoir des enfants de 14 ans, drogués et prostitués, tandis que des chaînes spécialisées présentent des performances sexuelles acrobatiques qui ne laissent strictement rien à l'imagination. La télévision promet la transparence, la télévision est populaire et nous restons collés à nos appareils, nous ne pouvons plus nous en séparer. La télévision est un scotch tape.

Nous, la civilisation du scotch tape ? Qu'en diront les enseignants de l'an 2541 ?

Malgré les dénégations fréquentes, nous avons tous, au moins une fois, mangé poutine, hot-dog, trio MacDo ou croissants plus ou moins plus. Notre civilisation est la première qui nous permette de déposer quelques pièces de monnaie dans une boîte métallique pour en extraire un sandwich au jambon enveloppé de plastique. *Fast Food* par excellence, ce sandwich instantané obtenu en cinq secondes représente une extraordinaire concentration de l'expérience de vie d'un petit cochonnet qui a beaucoup aimé sa maman avant d'être curé et fumé, sans parler du blé qui a doucement ondulé au soleil dans les champs.

Malgré les dénégations fréquentes, nous connaissons également le *Fast Sex* et savons qu'il suffit de presser un bouton pour accélérer la bande-vidéo vers les scènes particulièrement stimulantes. En quelques secondes, on peut aujourd'hui contempler une vision d'intimité qui autrefois ne pouvait être obtenue qu'au prix de longs efforts de séduction et souvent après d'interminables attentes.

Dans la même foulée, le scotch tape qui permet la réparation immédiate est un outil de la *Fast Life*. Auparavant, pour réparer il fallait recoudre, recoller, ressouder, mettre le papier sous verre, ficeler un barreau de chaise et quoi d'autre encore. Désormais, il suffit d'avoir sous la main un peu de ruban adhésif. C'est moins solide, mais ça paraît peu et ça fait l'affaire.

Quelle image de nous transmettront les responsables du programme d'histoire en l'an 2542 ?

Le grand Glenn Gould était le maître du scotch tape. Durant les dernières années de sa carrière, le pianiste ne travaillait plus qu'en studio, dans l'espoir d'atteindre enfin la note parfaite, la sonorité absolue. Il consacrait beaucoup de temps à coller et à recoller toutes ces notes. Mais il n'y a pas que les musiciens. L'émission *Le Lieu commun* est enregistrée sur une bande sonore produite par la compagnie 3M, à l'origine de l'invention du scotch tape. Si Serge Bouchard bafouille, ce qui arrive parfois, le réalisateur corrigera l'enregistrement en coupant un bout de bande et en collant les reprises. Cette émission corrigée et quasiment parfaite deviendra donc un produit de l'ère du scotch tape. Il n'en est pas autrement du film et de la télévision, dont les images, avant de devenir virtuelles, sont d'abord corrigées, fignolées, léchées et de plus en plus perfectionnées. Les défauts et les imperfections sont en voie de devenir des objets nostalgiques auxquels on consacre des émissions spéciales sur les petites erreurs d'autrefois. Dans d'autres univers, les photos des top-modèles sont corrigées jusqu'à atteindre la beauté impeccable.

La distance augmente. Entre l'ordinaire du quotidien et les images de consommation de masse, il y a chaque jour un peu plus de scotch tape.

Que dira-t-on de nous en 2543 ?

Le scotch tape est une solution universelle à toutes les crises de l'existence. Le scotch tape répare rapidement. Un bout de ruban suffit pour tout corriger. C'est une solution tout usage, inventée en 1925 dans un monde qui en avait grand besoin, après une guerre qui avait fracassé bien des illusions en faisant encore une fois la preuve que, loin de progresser, les nations les plus civilisées demeuraient barbares, insensées et cruelles. Rendu brutalement conscient de la fragilité de tout espoir, le monde ne pouvait plus se passer du scotch tape dont la transparence efface les blessures et permet de croire que tout tient encore malgré les fractures.

C'est ainsi que, dans la foulée et dans l'« esprit » du scotch tape, nous avons inventé la thérapie d'urgence et la guérison immédiate : nouvelles professions et nouveaux services d'aide au rafistolage des bobos et des drames humains, spécialistes du recollage des déchirures de l'âme et des brisures du cœur, médecine du médicament miracle, psychologie du partiel, économies de bouts de chandelles à court terme, service social du détail et politique du rapiéçage d'urgence. Au mot « panacée », le dictionnaire devrait noter : « voir scotch tape ».

SERGE BOUCHARD

Mon père réparait tout avec du scotch tape. C'était le pire bricoleur du monde. Mais c'était le plus actif. Il se servait mal des outils, ne les utilisait presque jamais. Son secret résidait dans sa collection de rouleaux de rubans gommés où le traditionnel scotch tape tenait une bonne place. Pour lui, le scotch tape représentait la solution à tous les problèmes. Par contre, tout ce qu'il réparait « tenait de peur ». Il lui fallait toujours recommencer ou mieux, rajouter du scotch pour solidifier par le moyen de l'épaisseur. À quelqu'un qui lui aurait reproché la faiblesse de ses travaux, il aurait répondu, selon son ineffable manière, que les travaux en question n'avaient pas vraiment d'importance et que réparer ne traduisait en rien son but. Il aimait le scotch tape pour le scotch tape et tout allait comme s'il cherchait des occasions de s'en servir. Ces occasions pullulent, quand on y pense. Il ne s'en privait pas. Comme quoi le scotch tape peut devenir un mode de vie et transformer nos visions du monde. Le danger croît avec l'usage.

Mon père était le candidat idéal : roi des sceptiques heureux, il ne construisait rien, il jouait. Le scotch tape fait le bonheur du naïf cultivé. Le bonheur n'est ni lourd ni grave, le bonheur n'est pas coulé dans le ciment, il tient de peur, justement, et mon père déroulait des rouleaux de scotch tape pour mieux le confirmer. Il rapiéçait son testament, nous enseignant que mieux valait profiter de l'instant plutôt que de s'illusionner sur l'éternité.

Pour qui veut refaire le monde tous les jours tout en n'y attachant aucune importance, le scotch tape est l'invention divine. Car le scotch tape n'engage à rien et ne fait pas sérieux.

∗   ∗   ∗

Qu'avons-nous tant à tant coller ? Nous bricolons sans cesse, nous découpons et nous raboutons, nous brisons le fil linéaire de nos vies et nous défions la succession du temps. Le papier collant aura longtemps servi au montage des images cinématographiques et des émissions préenregistrées de radio. Le réalisateur du *Lieu commun* travaille encore avec du ruban et du papier collant. Il arrange la narration, il coupe où il veut. Il pourrait nous faire dire n'importe quoi. Bien sûr, la technologie évolue sans cesse et demain, déjà, le montage au moyen de la colle et du ciseau entrera dans les légendes du passé. Le réalisateur du *Lieu commun* passera du Moyen Âge à l'âge du Numérique. Mais le papier collant n'est pas en reste qui trouvera toujours ses usages. Car nous sommes obsédés de collage. Tout est éparpillé, il y a tant de photos, de pièces, de textes, de mémos, de morceaux dans nos vies que le scotch tape sert autant à rapailler qu'à créer une sorte de discours. C'est parce que nous sommes constamment en miettes que nous dépendons du scotch tape. Dans le fond, il nous rapièce. L'électron libre qu'est l'humain devenu a une soif insatiable d'adhésion. Nous voulons vivre collés, collés.

* * *

Le scotch tape a fait son entrée dans le domaine chirurgical, représentant désormais la plus fine pointe de la suture et nous promettant des cicatrices de plus en plus acceptables. D'ailleurs qui sait? Ayant commencé une carrière sous des auspices pour le moins ordinaires, le scotch tape pourrait bien se hisser à la fine pointe de tout. Il suffirait que l'immensément fragile devienne carrément résistant. Le temps de joindre et de resouder parfaitement ce qui fut un instant décousu, déchiré, coupé, fendu. Le scotch tape pour panser nos plaies, cela existait sous la forme générale du pansement. Mais la suture lui donne le droit de sortir de l'infirmerie pour pénétrer dans la salle de chirurgie.

Il est clair que les actions du scotch tape à la Bourse sont les plus prometteuses. Car cette invention n'est qu'au début de son destin. Demain, le scotch tape collera les ailes aux avions, ce qui n'est pas peu dire. Finalement, je n'aurai plus de crainte à décoller.

BERNARD ARCAND

La théologie moderne devrait avoir le courage d'entreprendre une réforme en profondeur de l'image traditionnelle de l'enfer. Car si l'on voulait relancer la ferveur populaire et instaurer la crainte du châtiment éternel, on aurait besoin de moderniser sérieusement cette vieille image. La notion traditionnelle de la géhenne éternelle a beaucoup pâli et le nom lui-même a souffert récemment d'une dépréciation dramatique : dans un monde où attendre vingt minutes sous la pluie constitue un enfer, où un examen difficile ou un voisin qui fait trop de bruit, c'est l'enfer, le mot perd le sens qu'il faut pour émouvoir. Il perd la force de terrifier les masses.

Il faut dire que les flammes sont nettement moins effrayantes qu'autrefois. Nos matériaux modernes sont moins inflammables, les pompiers plus efficaces, il y a des gicleurs partout, les systèmes de chauffage s'améliorent, les gens sont plus prudents qu'avant, les détecteurs de fumée et la mousse carbonique sont devenus monnaie courante. Il faudra inventer autre chose.

Par exemple, on pourrait lancer l'idée de devoir passer l'éternité en compagnie de cinq joueurs de banjo. Ou de devoir préparer à tout jamais des meringues qui ne lèvent pas. Et de devoir les manger. D'être sollicité à perpétuité par des maisons de sondage ou par des agents d'assurance-vie. D'avoir éternellement les mains collantes. De devoir écouter des réclames pour un nouveau robot culinaire, ou la publicité de Norwich Union. Mais il y a mieux. Imaginez un enfer où chacun recevrait à l'entrée un rouleau de scotch tape dont on aurait perdu le bout. Pendant des heures, il faudrait essayer de retrouver cette extrémité en grattant patiemment avec des ongles fatigués un papier très collant sous un éclairage à peine suffisant. C'est le stress assuré et la colère absolue, celle qui n'est pas sainte mais maudite. Et chaque fois que vous retrouvez enfin le bout du rouleau, le ruban se sépare comme un vulgaire Ficello et tout est à recommencer. Éternellement. Répandez cette idée et vous verrez, dimanche prochain, les églises seront de nouveau pleines à craquer.

SERGE BOUCHARD

La colle scelle, le ruban gommé remplace le sceau. La chute des seigneurs et des rois s'accompagne de la démocratisation des sceaux et le scotch tape devrait tenir la plus grande place au musée de la République. La fonction honorifique de Garde du scotch tape a été abolie et le scotch tape est disponible dans toutes les échoppes, les dépanneurs et la première pharmacie. La révolution multiplie les rois.

Chacun son sceau. Nous avons obtenu le droit universel de cacheter, de sceller et le courrier du Roy est au service des citoyens. Un citoyen sans papier, c'est un problème. Un citoyen sans papier collant, c'est inimaginable.

BERNARD ARCAND

On aurait peine à concevoir un monde sans scotch tape. Sauf peut-être en se rappelant l'ancien temps, celui des paquets solidement ficelés pour être envoyés par la poste. Ou des cadeaux emballés minutieusement dans un papier délicatement plié et retenu par un ruban coloré. Dans ces temps révolus, les cadeaux étaient rares. Les vieux qui aiment passer pour des héros parlent encore de la célèbre orange que les enfants sages recevaient à Noël pour toute étrenne. De nos jours, les cadeaux se sont multipliés et ont beaucoup grossi : le jouet le moindrement sérieux exige désormais au moins six megs de mémoire vive, soit l'équivalent du contenu entier de la bibliothèque d'Alexandrie.

Autrefois, les paquets étaient beaux et les cadeaux modestes. Aujourd'hui, les emballages sont plus communs et surtout plus commodes, grâce au scotch tape, mais les cadeaux qu'ils enveloppent sont généralement rares et précieux. Comme si les gens d'autrefois étaient surtout préoccupés par les apparences, leurs petits paquets étaient de véritables œuvres d'art contenant trois fois rien. Alors qu'aujourd'hui, on peut déchirer le papier et arracher les rubans, car l'emballage est devenu secondaire. Comme si nous ressentions l'urgence d'aller au fond des choses.

SERGE BOUCHARD

Un univers domestique sans scotch tape est impensable. Mais le ruban se cache, le rouleau se perd dans le tiroir le plus obscur, dans le coin à cossins et à drigail, avec les boutons à trois trous, les outils bizarres et les poinçons démodés. Nous cherchons toujours le rouleau de scotch tape quand nous en avons besoin. C'est une maison heureuse que celle où le scotch tape se trouve toujours sous la main. Mais force est d'admettre que nous sommes loin du compte. Le scotch tape nous échappe, il se dérobe à notre mémoire, un peu comme s'il se cachait tout seul, qu'il entendait se faire mériter. Nous ne pensons jamais au scotch tape quand nous vaquons à nos vies. Il arrive cependant des moments précis où le scotch tape devient crucial, un ruban sans lequel on ne peut plus avancer. Et c'est alors que ce jeu de la cachette et de l'oubli en vient à nous enrager littéralement. Nous savons qu'il y a du scotch tape quelque part, pas loin, mais où ? La recherche nous retarde, nous empêche, nous énerve. Je suis certain que bien des citoyens, pris au bord de la crise de nerfs pour des raisons graves auxquelles ils résistent courageusement depuis des années, en sont venus à craquer à ce moment précis, celui de la quête déçue d'un scotch tape urgent qui doit bien se trouver dans le fond d'un tiroir, qu'ils se souviennent d'avoir vu très souvent, mais qui se dérobe obstinément en cet instant vital. Le scotch tape égaré, c'est une mauvaise goutte qui fait déborder le vase.

Pour la protection de notre santé mentale, nous achetons vite un autre rouleau. Si bien qu'ils sont extrêmement rares, les cas où nous allons au bout du rouleau de scotch tape. Je croirais plutôt que les maisons et les appartements du monde entier contiennent un nombre indéterminé de rouleaux entamés. Ils ne seront jamais finis puisque personne ne sait qu'ils existent. L'accumulation est inconsciente et l'inventaire sera pour toujours un mystère. En faisant le ménage, les générations futures retrouveront des tas de rouleaux inutilisés, démodés, anciens et la chose les passionnera peut-être. Oui, le scotch tape a le don de se faire oublier. Son insignifiance le protège, elle favorise son oubli. Mais la recette est là qui ne se dément pas : quand l'importance du moment rencontre l'insignifiance du temps qui passe, le court-circuit de la condition humaine se montre au plus grand jour. Le scotch tape n'a de sens que dans l'instant, il s'évapore dans l'intervalle.

BERNARD ARCAND

Le scotch tape appartient à cette catégorie fascinante d'objets familiers qui disparaissent mystérieusement. Le petit rouleau de ruban n'est jamais là quand le besoin se fait pressant. Personne ne se rappelle où se trouve le scotch tape, de la même manière que l'on cherche couramment les petits ciseaux, un trousseau de clés, la brosse à cheveux, la brosse à habits, la télécommande, les allumettes, les couvercles des contenants en plastique, l'autre bas de la même couleur qui s'est évadé sournoisement de la sécheuse ou l'ouvre-bouteille dans les foyers où l'on ne boit que rarement.

Si vous soupçonnez que le ruban adhésif a disparu parce qu'on vous l'a volé, c'est que vous habitez un quartier minable où les cambrioleurs sont capables des pires bassesses. Si vous accusez les autres de n'avoir pas replacé le scotch tape à la bonne place, c'est déjà l'indice d'une certaine tension au sein de la famille. Mais si vous vivez seul et que le scotch tape disparaît, vous voilà face à un choix difficile : soit vous perdez la mémoire en vieillissant, soit il est temps de vous remettre à croire à l'existence des lutins, trolls et autres esprits malins qui parcourent le monde pour la perte des âmes.

SERGE BOUCHARD

Dans la secte des grandes machinations historiques, nul ne prend le scotch tape à la légère. Y a-t-il d'autres scotch tape dans l'univers ? Sommes-nous les seuls à l'avoir inventé, à lui trouver toutes les utilités ? La colle contient-elle une drogue visant à nous rendre bêtes et dépendants ? Si les Égyptiens en avaient eu l'usage, s'en seraient-ils servis pour la momification, et Cléopâtre pour s'épiler le nez ? Le scotch tape a été introduit en Amérique par des vaisseaux spatiaux qui atterrissaient au Yucatán. Un équipage en a oublié une caisse sur le tarmac, il y a de cela quelques milliers d'années. Ces rubans contenaient en archives toute l'histoire des planètes vivantes de notre galaxie. Si nous savions déchiffrer le contenu du scotch tape, nous comprendrions vraiment le sens du mot adhésif.

*   *   *

Il existe un empire du ruban, un monde où le ruban, c'est de l'argent, un univers où l'on sait pertinemment que l'humanité consomme et consommera toujours des quantités de plus en plus considérables de rubans de toutes les sortes. La discrétion des richesses de cet empire s'apparente à celle des grandes pharmaceutiques, comme s'il existait des domaines privilégiés où la prospérité est telle qu'il serait scandaleux d'en parler. Ces industries consacrent beaucoup d'énergie à la recherche de nouveaux produits. Je me demande à quoi ressemble la vie professionnelle d'un chercheur en scotch tape. Quels sont ses protocoles, comment voit-il l'avenir, quels sont les champs de sa vision ? Le futur scotch tape sera-t-il conçu à l'ordinateur, quelles seront les nouvelles recettes de colle, et comment le papier est-il devenu si plastique, est-ce qu'un scotch tape est efficace dans l'espace, en ferions-nous un bon usage sur Mars, pourra-t-on le manger un jour, quels sont les effets du reniflage ? Peut-on raffiner à l'infini la technologie du ruban gommé ? Car, somme toute, sa fonction est modeste. La colle

doit coller toujours plus, mais pas trop quand même. Les matériaux évoluent sans cesse et l'arrivée sur le marché de certains
papiers recyclés a dû donner des maux de tête aux ingénieurs.
Le ruban doit se dérouler de plus en plus correctement, se couper facilement. Comment coller sur le papier sans coller sur les
doigts ? Il y a la gamme des largeurs, la gamme des longueurs. Et
puis la transparence constitue un puits sans fond. Le scotch tape
invisible, c'est le but ultime.

Nous ne parlons même pas des usages multiples et des
inépuisables dérivés. Le scotch tape a mille visages, du plus fin
au plus robuste. Il a des frères et des cousins.

Il a été le ruban gommé de nos hockeys, rubans noirs,
rubans blancs, il a été le papier collant de nos papiers collés, il sert
à l'électricité, au muselage des otages, il est là pour l'enveloppe,
le cadeau, le colis, la note, la réparation temporaire, le découpage
de la peinture sur les murs, le collage de l'affiche, mais il reste que
son usage le plus stable, à long terme, loge à l'enseigne du véritable scotch tape tel que l'humanité le connaît, dans son montage
en plastique, avec sa robe écossaise, une identité aussi reconnais-
sable qu'un Kleenex. Papier mouchoir et papier collant, disons
que nous tenons quand même à peu de chose.

BERNARD ARCAND

J'aimerais être nommé à la commission nationale de révi-
sion des expressions populaires. Je plaiderais pour la conservation des expressions « passer à un cheveu de… » et « passer en
coup de vent », mais je corrigerais tout de suite l'expression qui
affirme que « la vie ne tient qu'à un fil » ou que « tout ne tient
qu'à un fil ».

Car qui parle encore de fil ? La couture ne s'enseigne pratiquement plus et le raccommodage est en perte de vitesse. Les
marchands n'attachent plus leurs paquets avec de la ficelle. Et
qui prend encore la peine de faire des économies de bouts de

ficelles en accumulant dans un tiroir une pelote de corde ? Il serait sans doute plus sage d'essayer de vivre avec l'époque et d'être un peu plus moderne. Désormais, il faudrait plutôt dire : « La vie ne tient qu'à un bout de scotch tape. »

Si Thésée a pu se servir du fil d'Ariane pour retrouver son chemin dans le labyrinthe, les modernes collent au mur, au bureau ou sur la porte du frigo des petits papiers collants aide-mémoire qui ne sont que des variations sur le thème du scotch tape. C'est ainsi que les gens retrouvent la trace de ce qu'ils ont à faire et arrivent à se sortir des labyrinthes complexes de la modernité.

SERGE BOUCHARD

Les sociétés qui dans l'histoire ont prétendu à la plus immense des cohésions dans le temps et dans l'espace ont été des sociétés monumentales, dont l'obsession était de s'inscrire dans la pierre, le marbre, le fer, l'acier et le béton. Voilà que poussent les cathédrales, les monuments urbains dédiés aux banques, à la justice et à tous les dieux éternels, y compris le succès personnel. Chacun son inscription dans le solide, sur la pierre tombale s'il le faut.

Au siècle dernier, on fondait dans le métal du corps de la locomotive le nom de la ville de sa destination. Nul ne doutait que cette ligne allait durer. La raison sociale s'inscrivait dans la pierre. Rien n'est plus étranger à la vieille cathédrale que le matériau temporaire. Jusqu'à nous, l'histoire de l'humanité se fondait sur l'empilement des blocs. Quand nous regardons derrière nous, tout n'est que mégalithes et monolithes. Tout se tient ou tout s'effondre. Mais que cela est grand, que cela est solide. Les Mayas n'entretiennent plus leurs tombes depuis longtemps, mais la trace refuse de s'effacer.

Nous prenons là la mesure de la modernité. Ici, rien n'est lourd et les affaires ne tiennent qu'à un fil. Le chaos ne nous guette pas, il nous habite. Notre état normal est celui d'un noyau explosé. Nous appartenons plus à un conglomérat qu'à une masse granitique. Nous sommes éminemment friables et puisque tout s'érode dans le temps de le dire, nous savons bien l'art de masquer et de rabouter.

Le stade olympique n'était pas terminé que ses poutres se mettaient à tomber. Une façade de béton vieillit dans le temps de sécher, elle noircit et s'effrite au bout d'une seule année. La modernité est dure à la durée en ce qu'elle est aussi salissante que pressée. Les façades jaune soleil du Paris des Lumières sont depuis longtemps oubliées. Tout était jaune en raison du calcaire. Mais à présent, sans que nous y puissions rien, le jaune soleil fait place au noir diesel, qui lui-même bouffe la pierre.

N'est-il pas normal que le scotch tape soit un illustre symbole de nos vies ? Plus rien n'est imbriqué, tout est collé et nos plus grandes œuvres architecturales portent l'étiquette « attention très fragile ».

VII

LES BIBLIOTHÉCAIRES

Jeune, à l'âge où les garçons rêvent d'être pompiers ou policiers, je voulais devenir ermite. J'imaginais une cabane en bois rond dans une forêt si lointaine que les épinettes et les orignaux n'auraient eu que moi comme échantillon d'homme. Je ne voyais pas la difficulté de la survie. Je fabulais sur la tranquillité, sur la virginité, sur la sagesse et sur la solitude. Ces journées imaginaires s'écoulaient dans des courses à travers la beauté, sur le plaisir de la curiosité, l'amitié animale, l'immense sécurité. Et puis, je chérissais l'hiver, l'encabanement, ma petite lampe à huile, ma couchette et la table près de l'unique fenêtre donnant sur la dernière baie du lac sauvage. Mes rêves tournaient autour de la lecture. Car, pour autant que je me suis vu ermite, soir après soir, en m'endormant, je me représentais toujours en train de lire au coin d'un feu.

Je n'aurais eu qu'un seul livre que je l'aurais lu durant toute ma vie, jusqu'à le savoir par cœur. Apprendre la Bible par cœur, quel beau projet, quel exercice pour la mémoire, pour la concentration ! Cela vous assoit un être, cela vous le calme ! Je n'aurais eu qu'un livre, mais quel livre ! Au fait, quel aurait été ce livre ? *La Légende des siècles* ? *Les Rois maudits* ? Un Dostoïevski ? Le Coran ? La *Somme* de saint Thomas ? Mais rendu là, tu lis n'importe quoi, même le catalogue Eaton.

Je ne suis pas devenu ermite. Pas sous cette forme, en tout cas. J'ai lu des paquets de livres, j'en possède beaucoup. Des caisses et des caisses. Ils gâchent mes déménagements. Je ne trouverai jamais ce lac lointain, je le sais bien. Mais la nostalgie profonde m'habite toujours, du temps imaginaire où un seul livre sans titre était dans ma tête à ce point précieux. Un seul livre fait une bibliothèque et il est des circonstances où nous prendrions une vie entière à le lire, lui et lui seul.

Quel est le seul livre de votre vie, celui qui vous reste ? Voilà déjà une question de fond. Une grande bibliothèque comporte des milliards de questions. Pour chacun qui a écrit, chacun qui a lu.

Une bibliothèque ne sera jamais la somme de nos trouvailles mais ce sera toujours la montagne de nos angoisses et de nos interrogations. Le grand philosophe Shankara disait : « C'est immobile que tu voyages le plus, c'est dans la solitude que tu trouveras l'autre, il faut t'asseoir au lieu qui te convient. Inutile de tout lire, il faut d'abord apprendre à lire. »

BERNARD ARCAND

Quand je serai devenu très vieux, c'est-à-dire demain, je prendrai le temps de raconter aux tout-petits à quel point j'ai vu le monde changer au cours de ma longue et fructueuse existence. À l'instar de mon père et de ma grand-mère qui m'ont souvent fasciné par leurs récits du premier éclairage électrique des rues du village, du passage de la première automobile, de la visite de l'R-100, des oranges rares placées dans les bas de Noël ou de l'émeute Maurice Richard, je leur dirai que j'ai été le témoin privilégié de transformations majeures et profondes du beau métier de bibliothécaire.

Il y aura de la gravité, peut-être même un léger trémolo dans ma voix quand je leur ferai le récit de ma tendre jeunesse dans un village où il n'y avait aucun bibliothécaire puisqu'il n'y avait pas de bibliothèque. Un village dont plusieurs habitants auraient eu peine à épeler correctement le mot bibliothécaire et où les seuls livres étaient offerts en fin d'année scolaire par les religieuses à leurs meilleures étudiantes. Puis il y eut la migration familiale et la découverte émouvante de la bibliothèque de la ville de Montréal et celle des bibliothécaires. Leur profession, auparavant inconnue, m'impressionna tout de suite parce qu'elle incarnait en une seule et même personne l'ensemble des grandes qualités humaines élémentaires : le savoir infini du notaire du village, la rectitude morale du curé du village, la générosité et l'humanisme profond du médecin du village. On ne m'avait jamais averti que pareille perfection pouvait exister et que quelqu'un pouvait être à la fois autoritaire, chaleureux, savant et vous prêter des bandes dessinées. Comme tant d'autres, j'avais le sentiment de pénétrer dans un nouvel univers.

Quelques années plus tard, après avoir consulté des bibliothécaires de tous genres, scolaires, gentils, publics, privés, maniaques, universitaires, enthousiastes ou fatigués, quelques égarés, deux ou trois incompétents passifs ou disciples de la tranquillité infinie du Zen mal tempéré, je raconterai à mes arrière-petits-enfants que j'ai aussi fréquenté les grandes bibliothèques de l'université de Cambridge, qui contenaient, disait-on, près de vingt millions de volumes et dont les catalogues, à l'époque, étaient composés de vingt millions de fiches rédigées à la main. L'effet était magique : en notant le volume recherché, l'emprunteur était forcément impressionné et savait tout de suite qu'il lui faudrait lire cet ouvrage avec au moins la même attention minutieuse que le bibliothécaire anonyme avait mise à écrire à la main le nom de l'auteur, le titre, la maison d'édition, la date de la publication, et tout le reste. C'est là que j'appris (du moins c'est ce que je dirai aux jeunes dans le but évident d'en tirer une belle leçon de morale) que les livres ne s'écrivent pas en deux jours et qu'il n'est nullement nécessaire de les lire à toute vitesse.

En conséquence, si l'on met environ trente jours pour bien lire un livre, il faudrait compter presque deux millions d'années de lecture avant d'épuiser une telle bibliothèque (sans parler des nouvelles acquisitions). Voilà justement la première leçon d'une bonne bibliothèque : aucun être humain ne réussira à tout lire et chacun est donc soumis à la sélection culturelle. Pour un jeune, à cette époque, la leçon pouvait choquer car il lui fallait prendre conscience, une première fois pour toutes, que la totalité, l'absolu et la perfection seraient inatteignables et que, dans la vraie vie, il n'y avait finalement que les bibliothécaires qui connaissaient tous les livres. D'où la valeur de leurs précieux conseils.

Quelques années plus tard, la situation a nettement changé. Les bibliothécaires sont devenus des gendarmes aux carrefours des autoroutes de l'information dans un monde où les données, les faits et les renseignements se multiplient chaque jour de manière exponentielle. De professionnels du traitement des documents, d'experts en recherche sur documents, les bibliothécaires se sont transformés en membres fondateurs de la grande famille des communications modernes. En délaissant les gros livres poussiéreux et en sautant avec enthousiasme dans les environnements graphiques Windows 32 bits, ils sont devenus experts dans le périodique électronique (comme si toute forme d'électronique n'était pas déjà périodique). Leur nouvel environnement de travail encourage la souplesse et la convivialité. Car le bon bibliothécaire, de nos jours, doit savoir tout faire : assurer la promotion du livre et la lutte contre l'analphabétisme, accueillir les aspirants peintres et les sculpteurs locaux, organiser des conférences et des projections pour cinéastes amateurs, faire un peu de publicité pour les chorales de Noël, être expert en multimédia et jouer le rôle de service des loisirs municipal. Cela et bien davantage. Les bibliothécaires, comme employés municipaux, sont devenus travailleurs de la démocratie de première ligne, là où les décisions influent directement sur la vie des citoyens et où les taxes, chaque année, prennent du poids. On leur demande énormément : être marins sur les vagues d'Internet, connaître la musique et aller porter des livres aux personnes qui ne peuvent plus se déplacer. Et il paraît vraisemblable que demain leur réserve encore des surprises et d'autres surcharges.

Autrefois, dans mon village, il n'y avait aucun bibliothécaire. L'éducation de tous, la lutte à l'ignorance, l'aide aux personnes âgées, les concerts de Noël, la circulation de l'information et la gestion générale de la cohésion sociale étaient assurés par l'ensemble de la populace et quelques figures d'autorité. Aujourd'hui, dans mon village, il n'y a même plus de curé en résidence, le notaire est mort et le bon docteur a été remplacé par un CLSC. Par contre, il y a maintenant une petite bibliothèque très bien gérée.

Un jour, je raconterai à mes petits-enfants que j'ai vu, au cours de ma vie, l'émergence, la croissance et finalement la victoire d'un vaste complot qui nous a conduits au renversement des autorités anciennes par le pouvoir nouveau des bibliothécaires. Et quand les jeunes me poseront la question, je répondrai que je n'ai rien fait pour ralentir ou arrêter ce mouvement.

SERGE BOUCHARD

Les livres aiment les yeux des gens. Ils aiment leurs mains aussi. Et cela va jusqu'aux doigts. Autrement dit, les livres entretiennent avec les lecteurs les relations les plus fines qui soient. Les yeux de l'être humain sont incroyablement profonds. Le livre heureux est lu par de beaux yeux, ouvert par de belles mains, touché par des doigts délicats. Ma mère a toujours dit qu'un livre ne se prenait pas n'importe comment, ne se déposait pas n'importe où, ne se lisait pas en fou. Que nous soyons debout dans le métro ou bien installés dans notre lit, le livre a droit à des égards quand nous le transportons et le lisons. Notre respect envers lui témoigne de l'importance que nous lui donnons. Le livre sera d'autant plus généreux que notre lecture sera chaleureuse. Prenons le temps de prendre un livre. Et mettons-y les formes. Par nos yeux, le livre découvre s'il est bon ou s'il est mauvais, s'il est joyeux ou triste. Il nous voit rire ou bien pleurer, il mesure ses effets ; le livre veut faire une impression, il cherche à retenir notre attention et il n'est jamais aussi heureux que lorsqu'il nous retient longtemps, qu'il devient un livre lu d'un grand coup parce que nous avons été incapables de nous en séparer.

C'est une grande peine pour un livre que d'être abandonné en plein milieu puis d'être bêtement oublié. Cela s'appelle un rendez-vous d'amour raté, un rejet, à la limite une trahison. À cause des yeux, des mains et des doigts, à cause de la délicatesse, de l'attention et des émotions, il est convenable de dire que notre relation au livre est une relation amoureuse.

BERNARD ARCAND

La vaste majorité des bibliothécaires sont grossièrement sous-exploités. En général, le public leur soumet des questions plutôt banales et niaises qui ne rendent aucunement justice à leur compétence professionnelle. Les utilisateurs typiques consultent leur bibliothécaire pour apprendre où se trouve le guide de l'auto de l'an prochain, un manuel de jardinage urbain élémentaire, un guide de Cuba juste avant le voyage ou encore un nouveau livre de recettes minceur. Des requêtes bêtes et insignifiantes, répétitives et quasiment insultantes pour de véritables experts de l'information.

L'insulte est flagrante parce que les bibliothécaires compétents (il faudrait s'en souvenir et répandre la bonne nouvelle) doivent avoir réponse à tout. Sans prétention ni gloriole, c'est simplement la nature de leur métier. En tant que gardiens de la mémoire du monde et protecteurs de la totalité du savoir humain, ils possèdent assurément quelques bonnes réponses aux principales questions de l'existence.

Pensant qu'il me faudrait bien faire la preuve de cette déclaration d'admiration sans réserve, je me suis rendu récemment à ma bibliothèque favorite. Pour essayer d'y trouver l'impossible. Par exemple, le *bonheur* et la *sagesse*. Mon bon bibliothécaire, après m'avoir questionné sur le type de *sagesse* qui m'intéressait (car il y a des nuances assez nettes entre la sagesse comme raison, comme intelligence ou jugement et la sagesse d'une dent à l'arrière de la bouche) et sur le sens du *bonheur* que je cherchais (ce pouvait être un bien-être, un plaisir, une joie, un contentement, ou bien une amulette du genre de celles qui doivent « porter bonheur »), mon bibliothécaire, dis-je, m'a dirigé vers le BC 181 L296 et le BJ 1482 B456. Ces deux cotes nous obligent à monter, comme il se doit, vers le cinquième et dernier étage de la bibliothèque. Il fallait s'y attendre, la sagesse et le bonheur se trouvent en haut, près du sommet. Par contraste, quand j'ai voulu trouver la *richesse,* la cote m'a dirigé au rez-de-chaussée, vers les questions matérielles et très terre à terre. J'y ai trouvé la richesse à côté du *développement* et de la *croissance* économiques. En face, c'est-à-dire sur l'étagère d'en face, il y avait le *tiers-monde* et ses difficultés puis, en bas, quelques livres sur la *révolution*. Par curiosité plus que par intérêt, j'ai également cherché la *misère,* que j'ai découverte au HV 4049 C339, qui était situé (encore une fois comme il se doit) au rez-de-chaussée, parmi les pires conditions matérielles de l'existence, et sur le dernier rayon, dans un coin étroit et mal éclairé. La misère pure était entourée d'ouvrages sur les handicapés, les personnes âgées, l'alcoolisme, la criminologie, la défense des droits des animaux maltraités et la question des blessés de guerre que l'on abandonne sur le champ.

Revenons au cinquième étage et à des considérations plus réjouissantes. Le *bonheur* est au sommet de la bibliothèque, quatrième rangée, vers le milieu. Pour y accéder, il faut traverser quelques rayons lourdement chargés des œuvres de Spinoza, de discours philosophiques sur la condition humaine et de nombreux ouvrages sur la formation de l'individu. En face du bonheur, il y a quelques livres sur le développement de l'enfant, là où tout se joue. À l'arrière du bonheur, sur l'autre étagère, dos à dos, on trouve la *Revue de l'histoire des religions*. À côté du bonheur, sur l'étagère adjacente, il y a de nombreux ouvrages sur son contraire, le diable, le mal et le démon. L'enfer! En dessous du bonheur, il y a tous les livres des quatre étages inférieurs. Et au-dessus du bonheur, il y a une étagère complète d'ouvrages sur la *liberté*.

Il semble donc que la route soit toute tracée : le bonheur est là, à portée de la main, il suffit pour l'atteindre de suivre les conseils d'un bon bibliothécaire.

La vie n'est pas si facile, toutefois. Quelques rayons plus loin, toujours au sommet du cinquième étage, apparaît un autre type de bonheur, celui dont s'occupe la psychologie. À la cote BF 575 H27, les choses se compliquent sensiblement et nous entrons alors dans le domaine embrouillé du bonheur réel et concret. Pas celui que définissent les philosophes ou les théologiens, mais le bonheur de la vie ordinaire, sans artifices ni beaux principes. Arrivé à la cote BF 575, on a l'impression d'entrer dans le magma de l'existence concrète : les quelques livres sur le bonheur sont entourés d'ouvrages sur la jalousie amoureuse, la séparation et le deuil, l'amour et l'humour, la timidité et l'anxiété, le stress et la colère. La confusion et l'incertitude fournissent une véritable leçon de vraie vie. Le bonheur est à découvrir sur l'étagère voisine à travers ces innombrables misères.

C'est bien ce que je disais, la bibliothèque a réponse à tout. Elle sait bien que le bonheur par principe est facile à comprendre, mais que l'authentique bonheur quotidien reste souvent insaisissable. Et voilà comment, au terme d'une recherche tortueuse, sur le même étage et à peine quelques rayons plus loin, la bibliothèque mène enfin à la *sagesse*.

SERGE BOUCHARD

Les bibliothèques ont suivi le destin des églises. Il est facile de faire ce parallèle, car il suffit de comprendre l'évolution du sacré. Les églises ont tenu longtemps contre la modernité. Mais quand le fil s'est rompu, autour de 1960, il s'est rompu tout d'un coup. Alors apparurent des églises dont l'architecture s'associait à n'importe quoi. Le consultant de chez Rona pouvait bien conseiller la Fabrique, c'est-à-dire la paroisse. Puisqu'il n'y avait plus de matériaux ni de formes sacrés, les architectes laïques s'en donnèrent à cœur joie. Si bien que les églises perdirent leur caractère d'enceinte sacrée pour devenir un lieu de rencontre où un officiant répondait désormais à une « clientèle » religieuse, dans un cadre où, précisément, le cadre ne comptait plus. De la même manière, la bibliothèque, au lieu d'être un lieu privilégié, est devenue un entrepôt comme les autres. Les tablettes pour ranger les livres peuvent être celles sur lesquelles nous rangeons des pièces d'automobile. Le plancher de béton regarde le styromousse du plafond. L'éclairage est trop fort, royaume de l'halogène et du néon. Le formica et le métal s'entrechoquent pour produire le son caractéristique de toutes les salles de réunion.

Les livres s'ennuient de la chaleur du bois, du silence, des atmosphères feutrées, des éclairages adéquats, du décorum et de la discrétion. Les livres sont conservateurs, par définition.

Mais le livre de la société de consommation n'est pas le livre de la société traditionnelle. Accès direct, lecture rapide, il n'y a pas de temps à perdre avec la jouissance de la recherche, de l'attente, du silence, il n'y a pas de temps à perdre avec le temps perdu à longuement étudier des documents précieux sur une table de chêne, dans les recoins tranquilles d'un espace retiré. Les bibliothèques sont désormais efficaces et profanes. Nous sommes la société de l'information, nous ne sommes plus la société du mystère.

BERNARD ARCAND

Nous avons déjà une journée mondiale du livre. Peut-être même une semaine nationale des bibliothèques. Ou un mois de la lecture. Il faudrait compléter cette liste en créant dès que possible une célébration universelle du travail des bibliothécaires. Le mouvement débuterait modestement, on déclarerait tel jour, n'importe lequel, fête locale, nationale ou mondiale du bibliothécaire, pour en arriver bientôt à l'instauration d'un événement annuel lors duquel le monde entier ferait semblant de se soumettre à la surveillance de ses bibliothécaires. Vingt-quatre heures de calme et de paix studieuse, vingt-quatre heures de silence, prolongement de la célèbre minute de silence, durant lesquelles tous auraient le devoir de se recueillir et de profiter de l'instant pour réfléchir. Un jour complet de grande lenteur consacré à la contemplation.

Imaginez une journée entière durant laquelle la radio ferait relâche et la télévision ne présenterait que des images fixes et silencieuses. Pause et congé forcé pour les animateurs de jeux-questionnaires et toutes les *Lutte Grand Prix* du monde. Pas de chanteurs de bière ni de vendeurs de tapis. Un jour entier durant lequel les politiciens n'auraient aucun droit de parole et tous leurs commentateurs parasites n'auraient rien à interpréter ni à discuter. Une pleine journée sans publicité criarde, sans tribunes téléphoniques et, surtout, sans débats d'opinions. Qui n'a pas, un jour, rêvé de faire taire même son animateur favori?

Partout à travers le monde, les bibliothécaires imposeraient le silence. Tous les habitants de la planète seraient incités à ne parler qu'à voix basse. Interdits les grandes gueules et les chialeux, interdits les cris de joie ou de haine, personne n'aurait le droit de hausser le ton, de parler fort ou de crier sur tous les toits. Interdits les hurlements et les beuglements, les bibliothécaires prendraient soin de ne tolérer que le chuchotement et le murmure. La journée serait propice aux confidences. On en profiterait pour se confier à demi-mot et pour faire le point en découvrant le sens profond des choses derrière la cacophonie de la vie ordinaire.

Une telle journée ferait grand bien à l'humanité. Bien sûr, imposer le genre de calme qui anime une bonne bibliothèque n'apporterait sans doute pas la réponse unique à tous nos maux. Le silence n'impose pas nécessairement la paix puisque l'on peut très bien bouder ou faire la guerre sans faire de bruit. Mais le silence est propice au recueillement. Que l'on fasse l'amour ou du bricolage, le calme et le silence améliorent la réflexion et la qualité de l'expérience. Il faut sérieusement haïr quelqu'un pour le tuer en silence, il faut aimer profondément pour faire l'amour sans mot dire ni dire un mot. Il faut être bien sûr de soi et de ses convictions pour agir dans le calme, loin de la spontanéité apparente du vacarme.

Après quelques années de succès et une popularité grandissante, cette fête des bibliothécaires serait ensuite étendue aux verbiages électroniques. Silence sur Internet. Une journée totalement débranchée pour rappeler qu'il existe déjà beaucoup, beaucoup de mots sur papier et que les anciens ont encore des choses à nous apprendre. La fête serait alors complète et fournirait l'occasion annuelle de rappeler que les bibliothécaires travaillent pour la suite du monde et que le silence demeure la toute première condition du respect.

SERGE BOUCHARD

Je peux maintenant entrer dans toutes les grandes bibliothèques du monde sans me déplacer. Je ne cherche plus, je trouve. Sur cette question des explorations virtuelles et des nouvelles technologies qui nous permettent de consulter des galaxies d'informations en une pression du doigt sur une touche de clavier, il y aurait un milliard de choses à dire que nous ne disons pas assez. À quoi sert de multiplier les sources quand nous avons clairement perdu la compétence d'en traiter une seule ? Je veux bien que le monde entier de la connaissance entre dans mon appartement par la lunette de mon écran, mais que faire avec autant de possibilités ?

Si l'accès est plus rapide, le temps de lecture n'a pas changé. Les affres de l'interprétation non plus. Nous sommes toujours aux prises avec notre propre rythme d'assimilation. Nous savons que les Anciens, déjà, étaient débordés mais ils vivaient encore dans l'illusion que, sur un sujet donné, un savant se trouvait en mesure de posséder tous les ouvrages de son temps. On a même pu penser à la notion d'un véritable savoir encyclopédique réuni dans le salon d'un seul homme. La bibliothèque de Montaigne est devenue célèbre en ce que Montaigne fut le premier à la chérir, à la glorifier, à lui donner une importance considérable. Mais Blaise Pascal, déjà, a déclaré forfait. Il prétend qu'il est impossible de tout lire. Et Pascal vit encore dans des temps tranquilles sous le rapport de la production d'archives et d'informations diverses.

Depuis cent ans, nous sommes enterrés, noyés, perdus. Que faire de toutes ces notes, de tous ces papiers, rapports, livres, tomes, journaux, magazines, thèses, inédits ? Que faire sinon les conserver. Cela donne les célèbres voûtes vaticanes, les trésors jésuites, la bibliothèque du Congrès, sans parler de la théorique bibliothèque universelle qui existe virtuellement sur le *world wide web*, qui n'est autre que l'enveloppe réelle de la pensée informatique.

Dans ma jeunesse, les promoteurs de la lecture rapide croyaient révolutionner le monde du savoir. Mais nous nous doutions qu'à force de lire trop rapidement, la qualité de la lecture décroissait d'autant. Aujourd'hui, l'affaire est bien plus grave : nous avons accès à tellement d'information que nous disons, lisons, écrivons n'importe quoi sans discrimination. Et ce n'importe quoi s'ajoute à notre mémoire et à nos données. Si bien qu'en peu de temps, nous nous sommes égarés dans une jungle épaisse où il n'y a plus moyen de retrouver son chat.

La question est vieille comme le monde et elle n'a pas changé. Nous parlons de la valeur d'un écrit et de la qualité d'une donnée. Nous parlons de la qualité de la lecture et de l'originalité du traitement. Dans l'usage qu'il fait d'une bibliothèque, l'homme y est pour quelque chose. Mais si son jeu consiste à seulement couvrir et à uniquement saisir, alors la glace deviendra vite très mince. Tous les livres ne se valent pas. Toutes les informations non plus. Le monde contemporain est gravement malade sous ce rapport. Nos bibliothèques sont devenues trop grosses et nous ne savons pas nous en servir d'une façon critique et utile.

La bibliothèque informatique augmente dangereusement le risque de crétinisation. Car il n'est plus d'autorité reconnue dans les interminables listes que nous consultons à la vitesse de la lumière. Il suffit de trouver une information pour qu'elle ait un crédit. Nous sommes une société primitive de la rumeur. À des années-lumière de la pensée.

BERNARD ARCAND

Les bibliothécaires m'énervent. Du moins, chaque fois que je les vois inscrire dans le livre emprunté une date de retour, sous menace d'amende de 25 ou 50 sous par jour de retard, parfois 75 sous, un dollar et demi, sans doute, une fortune. Les bibliothécaires d'hier tamponnaient la date fatidique sur la dernière page du livre. Aujourd'hui, elle est notée sur un papier ridicule qui ressemble à une vulgaire facture de dépanneur ou, plus déprimant encore, est simplement inscrite dans la mémoire de l'ordinateur. Le moyen et la méthode importent moins que l'intention.

Cette date limite représente assurément le point faible du beau métier de bibliothécaire. Car devoir retourner ses livres à temps constitue pour plusieurs une source de stress qui rappelle l'ancienne crainte de l'enfer et nuit considérablement à la qualité de leur lecture. Mais il y a d'autres inconvénients. D'abord, il faut reconnaître que sous prétexte de démocratisation et en poursuivant la noble intention de rendre les livres accessibles à tous, les bibliothèques, par leur insistance sur le retour relativement rapide des volumes, limitent la taille de leurs acquisitions. Car les livres exigent de l'espace (tout collectionneur en sait quelque chose) et les bonnes bibliothèques qui souhaiteraient suivre l'évolution de l'édition se verraient donc obligées d'élargir leurs bâtiments presque constamment. Mais en jouant sur la date de retour, on peut adopter une autre stratégie et, comme la bibliothèque royale du Danemark, par exemple, confier plusieurs livres à ses lecteurs en espérant qu'ils ne les rapportent surtout pas. Du moins pas tous en même temps, puisqu'il n'y aurait jamais suffisamment d'espace sur les rayons. Une fois par année, la bibliothèque royale envoie un mot à tous ses emprunteurs, leur demandant s'il est vrai qu'ils ont en leur possession les dix ou quinze livres empruntés. Les lecteurs polis répondent « oui » et la bibliothèque s'en trouve satisfaite, sachant que ses collections sont en sécurité, protégées par les assurances domiciliaires de ses emprunteurs.

Second problème grave, le système de datation d'un retour obligatoire entraîne un nivellement grossier qui a pour résultat de placer tous les livres sur un même niveau ou (si l'on préfère) dans un même panier. Les prédictions astrologiques de l'année et le manuel de réparation du carburateur sont traités sur le même pied que la *Critique de la raison pure* ou le dernier roman de Dostoïevski. Comme lecteur et ami des bibliothèques, il me semble qu'un correctif s'impose. Je n'ai jamais réussi à lire Jojo Savard au même rythme que Marguerite Yourcenar. J'aurais envie de conserver les pensées de Blaise Pascal un peu plus longtemps que les opinions de Pierre Pettigrew.

Ce détail irritant crée une faille dans l'image par ailleurs irréprochable des bibliothécaires. Sous prétexte de démocratisation et de traitement égalitaire des usagers, la politique de retour unique élimine toutes les distinctions et réduit l'ensemble des livres d'une bibliothèque à un même dénominateur parfaitement commun. Ce qui est tout à fait contraire à la promotion du livre dont se préoccupent les bibliothécaires et qui les pousse à se contredire par la suite en proposant des suggestions qui réintroduisent les distinctions entre les ouvrages recommandables et les autres. En donnant des conseils et en dressant leur liste de « coups de cœur », ils affirment ouvertement que certains livres sont préférables à d'autres. Le message est important, mais il serait mieux compris si les bibliothécaires avaient le courage de sélectionner une date de retour conforme à leur évaluation de l'ouvrage. Ne prenant pour exemple que la littérature française : Bernard-Henri Lévy vous est prêté pour deux jours, Sartre, une semaine, Camus, un mois, de Tocqueville, un an, et Montaigne vous est prêté pour la vie.

SERGE BOUCHARD

J'ai reçu en cadeau un livre intitulé *La Bibliothèque idéale*. Je l'ai bien sûr consultée, la bibliothèque idéale, pour m'apercevoir qu'elle recoupait en partie la mienne. Cette bibliothèque est celle de quelqu'un d'autre et l'idéal de l'un n'est pas l'idéal de l'autre. Il suffit de savoir que les titres se recoupent pour réaliser que nous vivons à peu près sur la même planète.

Pour le reste, je ne peux pas m'y reconnaître. Néanmoins, cette compilation m'a fait réfléchir. La bibliothèque idéale est un concept, c'est une idée. Jamais ne pourrions-nous vraiment fixer une fois pour toutes le palmarès des livres lourds, parus, sous presse, à paraître. Mais nous nous doutons bien que la liste existe qui n'est connue de personne. C'est comme le jeu qui consiste à établir la liste des cinq meilleurs joueurs de hockey au monde, toutes époques confondues. Les discussions seront sans fin et pourtant le bassin n'est pas grand. Voilà un jeu plaisant de l'esprit humain. Il thésaurise et il hiérarchise. C'est bon pour la santé mentale. Quel est le meilleur roman d'amour de tous les temps ? Il est anglais, il s'appelle *Les Hauts de Hurlevent*. Le meilleur roman historique ? *Mémoires d'Hadrien* ? Qu'est-ce qu'un très grand livre ?

L'entreprise est aussi utopique que fascinante. Nous ne pouvons pas vraiment y arriver. Pour ma part, ma bibliothèque idéale consiste en la liste que je ferai un jour des ouvrages que j'ai lus dans le cours de ma vie. Je ne lis que les ouvrages qui m'apportent quelque chose. Je n'ai, comme plusieurs, jamais persisté dans la lecture d'un texte qui me laissait indifférent.

La conclusion s'impose d'elle-même. La bibliothèque idéale est l'acte subjectif par excellence. C'est quasiment intime. Le dénominateur commun de nos intimités existe, heureusement, et il suffira de savoir qu'il existe. C'est le noyau dur de notre culture. La bibliothèque idéale, c'est celle qui nous a construits.

BERNARD ARCAND

Tous les vrais amateurs de pornographie la connaissent, cette image classique de la bibliothécaire austère, portant chignon et lunettes épaisses, personnage sévère et revêche (les jeunes diraient : « grébiche avant son temps »), vieillie par le sérieux et la dignité de son poste. Et qui, soudain, défait son chignon, retire ses lunettes, dégrafe son corsage pour se transformer en bête de sexe dont le corps et les acrobaties amoureuses se révèlent tout à fait spectaculaires. La mutation est immédiate (comme c'est souvent le cas dans la pornographie, qui insiste finalement assez peu sur la profondeur psychologique et les angoisses morales de ses personnages) et tellement radicale que la bibliothécaire débauchée surpasse même la chenille changée en papillon.

Ce doit être agréable de savoir que l'on exerce une profession qui attise la curiosité et l'imaginaire pornographique. De savoir que tous ces vieux chercheurs qui occupent les tables de la bibliothèque et font semblant de s'épuiser les yeux devant des textes anciens, n'ont en fait qu'une seule pensée en tête. Mais encore faut-il réussir à mériter cette position enviable. Pour cela il est nécessaire d'avoir été socialement reconnu comme quelqu'un de méritoire, crédible et moralement irréprochable. C'est pourquoi la pornographie aime tant les personnages de moines et de religieuses, les vierges craintives et les évangélistes moralisateurs. La pornographie a toujours prétendu que là où il y avait de la gêne, il y avait également promesse de plaisir accru. C'est donc un honneur que d'avoir été choisi, il ne faut pas s'en offusquer, c'est le témoignage vibrant d'une vertu confirmée. Les bibliothécaires sont excitantes et font rêver parce qu'elles semblent très peu susceptibles, dans ce sobre univers de livres, d'archives et de choses de l'esprit, de succomber aux vulgaires tentations sensuelles du corps. Dans l'imagerie populaire, les livres attirent les studieuses, celles qui ont toujours préféré la lecture et qui ont très tôt évité les sports par crainte de briser leurs lunettes.

Bien sûr, ce sont là des stéréotypes forcément simplistes et grossiers. L'évolution sociale se chargera de les corriger. Par exemple, pourquoi faut-il toujours présenter uniquement *la* bibliothécaire ? Peut-on éternellement négliger la clientèle féminine ? Une société moins machiste inventera bientôt le préposé aux renseignements qui, soudain, monte sur son tabouret pour nous révéler un slip-en-cuir-imitation-léopard tout en dirigeant le client vers l'annuaire statistique du Québec.

Évidemment, tout cela n'est que fantasme : les vraies bibliothécaires (du moins, la plupart) ne se transforment pas si facilement en bêtes de sexe. Mais avouez que l'idée est séduisante. Sans devoir instaurer une politique du livre chère et compliquée, on réglerait, d'un seul coup, le problème de la sousfréquentation des bibliothèques et celui de l'analphabétisme. Et à très peu de frais ! Autres que la pudeur professionnelle !

SERGE BOUCHARD

Dans l'archéologie de nos meubles, nous pourrions parler de la bibliothèque IKEA, royaume de la boîte et de la tablette. Sa sobriété recherchée met en valeur l'innocence étudiante ainsi que la richesse des bouquins pas trop chers. Nous tenons la version achevée de l'assemblage de planches séparées par des briques. Tout est dans le livre, rien dans le meuble. Les érudits richissimes font dans les murales de chêne tandis que les débutants se contentent de mélamine.

Qui, de ma génération, ne se souvient pas de l'enthousiasme bibliothécaire de nos premières libertés? Signature personnelle qui faisait l'orgueil de nos petits appartements. Les titres constituaient un texte, un message à qui prenait le temps de regarder les titres, justement. Notre bibliothèque, c'était notre identité en devenir, nos croyances, notre espoir et notre conviction. La littéraire annonçait ses couleurs : romantique, classique, absurde, existentialiste, poétique. La politique faisait de même, comme la philosophique. Oui, les bibliothèques IKEA ont été le support de nos premiers textes. Toute bibliothèque a commencé par un premier livre comme toute longue route commence par un premier pas. Et la vie suit son cours. Certains conserveront leurs souvenirs pour toujours. D'autres se débarrasseront du tout dans un effort terrible pour se refaire.

Les bibliothèques personnelles finissent par être lourdes en effet. Avec les années, les planches plient, se courbent. Nous sommes placés devant un choix. Tout vendre à un libraire afin de nous alléger et de courir les illusions de la liberté. Ou bien acheter des meubles plus adéquats et cultiver notre passé comme on cultive nos relatives identités.

BERNARD ARCAND

Qui est l'imbécile qui a détruit la bibliothèque d'Alexandrie? Voilà une question qui demeure d'actualité puisqu'il s'agit d'une cause célèbre, l'exemple classique d'un étonnant crime contre l'humanité. Car si l'on prétend ne jamais pouvoir oublier Pol Pot, Staline, Pinochet, Hitler, Churchill, ou même Clinton, il serait difficile de tourner la page sur l'incendie de la bibliothèque d'Alexandrie.

La ville, fondée par Alexandre le Grand, était le carrefour des grandes civilisations de l'époque, le point de rencontre de l'Afrique, du Moyen-Orient et de l'Europe. C'est à la bibliothèque d'Alexandrie que fut traduit et fixé sur document et pour longtemps ce gros livre important que l'on appelle depuis l'Ancien Testament. C'est là que travaillaient les plus grands savants grecs qui allaient fonder la science occidentale. Bibliothèque, école et musée, l'endroit était fréquenté par les Perses, les Turcs, les Romains, les Arabes, bref, tous les érudits de la Méditerranée. C'est à la bibliothèque qu'étaient conservés plusieurs centaines de milliers de documents sur papyrus, la somme totale du savoir du monde antique.

La bibliothèque fut brûlée et la perte, totale. Qui connaît l'incendiaire coupable de ce crime contre l'humanité ? Peut-être fut-ce Jules César, par accident, en voulant détruire le reste de la ville. Peut-être ses héritiers romains, trois siècles plus tard. Ou, un peu plus tard, les chrétiens, qui voulaient exterminer tous les païens. Ou les Perses, ou les Arabes qui envahirent la ville plus tard encore. Le crime aurait pu être un haut fait de guerre des Turcs en 1517, ou de Bonaparte en 1798, ou des troupes anglaises en 1882, ou de Rommel en 1942. Les historiens en débattront longtemps encore, et même si les plus sérieux ont leur idée là-dessus, il reste que tous ces suspects auraient été parfaitement capables d'incendier une bibliothèque.

On ne découvrira peut-être jamais les véritables coupables. Parce que, justement, il ne reste aucun document d'époque. Parce que, justement, la bibliothèque a brûlé. Voilà donc un exemple de crime parfait contre l'humanité. La preuve dramatique que le feu peut parfois créer de la noirceur.

SERGE BOUCHARD

Vous verrez toujours les méchants s'en prendre aux bibliothèques. Ils les brûlent et les détruisent. Car ils ne veulent pas laisser de traces. Les méchants savent instinctivement qu'ils ont un rendez-vous au tribunal de la mémoire. Alors, symboliquement, ils s'attaquent à ce qui a été, à ce qui pourrait être, aux témoignages accumulés. Les méchants aiment faire *tabula rasa*. L'autodafé est une part de leur colère. Ils condamnent bibliothèques et bibliothécaires. L'histoire du monde est remplie de drames de la sorte. Mais une fois que la bibliothèque brûle, il est des livres qui seront écrits pour nous rappeler au douloureux souvenir de l'incendie. La mémoire se souviendra malgré tout des attaques contre la mémoire. Le fameux conquistador Cortez n'a pas épargné les archives aztèques, et la bibliothèque de Tenochtitlán fut incendiée dans la joie. L'Espagnol savait bien que son geste effaçait des trésors de savoir. Mais justement, il s'en prenait à ce savoir. Mémoire païenne sur laquelle il était dangereux de se pencher. Brûler ces livres que le diable a écrits.

Qui dit livre dit feu. Les bibliothèques ont été l'enjeu premier dans la lutte que l'homme se livre à lui-même. Ne pas dire, ne pas lire, ne pas écrire, ne jamais invoquer, voilà notre tradition violente. Nous sommes tous aux prises avec notre imaginaire. Les bibliothèques sont des temples de conservation où se retrouve l'inventaire de nos créations, idées, images, artefacts de notre pensée. Les méchants qui brûlent les bibliothèques ont une peur bleue des livres et des documents. Cortez, s'il avait conservé la bibliothèque des Aztèques, aurait éventuellement mesuré la qualité de ce qu'il était en train de détruire et de violer de par tout le Mexique. Cela, il ne le voulait pas. Détruire une bibliothèque, c'est tenter de réduire l'histoire au silence.

BERNARD ARCAND

Ceci est un avertissement! Le monde moderne est sur le point d'atteindre ses limites. L'exploration tire à sa fin. Les deux pôles ont été visités et tous les sommets atteints par des dizaines d'amateurs de publicité venus du monde entier. Le fond des mers est ratissé par des armées de sous-Cousteau. La terre est ronde et l'on manque déjà de coins où se cacher.

Le village devient global, répète-t-on souvent, et les sociétés autrefois si lointaines et diverses deviennent chaque jour plus semblables et uniformes.

Voilà qui pose problème à notre métier d'anthropologue. Car comment peut-on étudier le potentiel humain dans tout son génie si la diversité culturelle appartient désormais à la nostalgie? À cette question, la plupart des grands maîtres ont souvent répondu que la solution était à portée de la main, du fait que nous disposons déjà d'un nombre considérable de documents sur les sociétés humaines avec lesquels il nous sera possible de travailler encore très longtemps.

Ce qui veut dire que les générations futures d'anthropologues devront utiliser de plus en plus couramment des matériaux bruts sous forme de documents. D'où mon avertissement : les bibliothèques devraient sous peu être envahies par des anthropologues qui, je vous préviens, ne travaillent ni comme les historiens ni comme les sociologues. Ils ne se limitent pas aux documents, ils n'aiment ni les sondages ni les questionnaires. Ils aiment au contraire s'imprégner de l'ambiance et prendre le temps qu'il faut pour vivre avec leurs sujets d'étude en participant à leurs activités. Les corridors des bibliothèques ne seront plus jamais les mêmes.

Au deuxième, on verra des anthropologues fabriquer des bifaces et des massues autour d'un feu de camp préhistorique. Au troisième, des anthropologues tout nus qui danseront pour recréer un grand rituel de fertilité. Et à l'étage inférieur, d'autres anthropologues qui assembleront un autel du sacrifice dans le but de vérifier si c'est vraiment salissant d'égorger un ennemi et de lui arracher le cœur par un soir de pleine lune.

Voilà qui mettra de la vie dans nos bibliothèques. Considérez-vous prévenus. Mais n'ayez crainte pour les documents, les anthropologues font preuve du plus grand respect de leurs sources d'information. C'est plutôt le mobilier qui risque d'y passer.

SERGE BOUCHARD

J'aurais aimé être un vieux livre, un livre ancien, un livre rare. Je reposerais, oublié, sur les rayons obscurs d'une bibliothèque plus vénérable que fréquentée. Les livres ne s'ouvrent pas d'eux-mêmes, il faut les consulter et c'est à nous de faire le geste. Mais perdu dans la multitude, le risque est grand pour un livre de se retrouver coincé entre deux ouvrages aussi perdus que lui. Cependant, le livre souffre-t-il vraiment de son manque de popularité? Je crois que non. Si les livres parlaient, et Dieu sait que nous voulons parler comme eux, ils nous en diraient des choses. Ils peuvent devenir très vieux sans jamais avoir été lus.

Ils souffrent d'être mal classés, mal flanqués. Certains préfèrent rester debout, d'autres aiment mieux être empilés. Chaque exemplaire a une vie. Certains sont blessés, amputés de quelques pages, d'autres croulent sous l'usage. Mais quoi de plus riche qu'un livre ancien bien conservé?

J'aimerais bien être un beau livre, une encyclopédie peut-être. D'une manière ou d'une autre, si j'étais un livre, j'aimerais être érudit. Bien sûr, comme tous les livres, je ferais des cauchemars de pluie, de souris et d'incendie, mais dans l'ensemble, je coulerais de vieux jours dans la paix la plus grande.

Car le vrai monde du livre est fait de silence, d'attente et de repos. Les livres ne pensent qu'à vieillir, ils sont plus beaux en prenant de l'âge, ce qui représente un formidable avantage. Ils prennent de la valeur en vieillissant. Et le très grand âge aidant, nous devenons tolérants pour le contenu qui se démode afin de soutenir notre grande admiration pour la forme conservée. Pour un peu, nous en serions jaloux.

VIII

LA DIVINATION

BERNARD ARCAND

La divination n'a rien d'un lieu commun. Il s'agit, au contraire, d'une activité délicate et audacieuse, tout à fait hors de l'ordinaire. Sa seule banalité lui vient des commentaires habituels des bien-pensants pour qui elle constitue un attrape-nigaud de la pire espèce, un mensonge grossier, une fumisterie proposée sans vergogne par des charlatans sans scrupules à une clientèle naïve et démunie. Aux yeux des personnes qui se croient averties, la divination demeure une pratique caractéristique des sociétés primitives, où les inquiétudes étaient grandes et l'avenir incertain, où l'on manquait de moyens de connaître le monde et de savoir ce qui s'en vient. Cela suffit à coller une mauvaise réputation au devin.

Car comment pourrait-on justifier l'idée de lire dans des entrailles fumantes l'issue d'une campagne militaire? Comment peut-on localiser le gibier en observant les fractures d'ossements calcinés? La démarche n'a manifestement aucun fondement dans le réel, il n'y a là aucun lien empirique entre le moyen et la fin, aucune preuve ni démonstration capable de résister à l'enquête scientifique. Tout cela n'est évidemment que superstition pure et gratuite, une assez mauvaise plaisanterie imposée à une clientèle captive de son ignorance.

Or, répéter que la divination n'est que méprisable superstition, c'est bien mal la comprendre. Par surcroît, c'est insulter l'intelligence humaine sur au moins trente-quatre millénaires.

Prenez le cas exemplaire de la localisation du gibier en temps de crise. D'abord, imaginez un jour où le gibier, qui normalement aurait dû être présent dans la partie est du territoire, semble introuvable. Caribou, bison, canard migrateur, peu importe, la viande qui doit nourrir la tribu n'est pas à l'endroit prévu par toutes nos sciences de la nature et toute la sagesse de notre vieille tradition de chasseurs. Après avoir consulté les anciens et demandé aux experts, rien n'y fait, le gibier manque toujours et personne n'y peut quoi que ce soit.

Dans des circonstances pareilles, il est bon de faire appel à la divination. Qui est la moins crédible des méthodes et qui, justement, viendra dire n'importe quoi. Si le gibier n'est pas à l'est, les augures indiqueront qu'il est au nord-ouest, de l'autre côté, au sud, n'importe où. L'essentiel consiste à trouver une façon de résoudre l'impasse. Les animaux sont absents et nul ne sait où les trouver. Inutile d'insister. Mais que faire alors? Le choix est limité: il faut courir sa chance en allant voir ailleurs si le gibier s'y trouve. N'importe quelle direction fera l'affaire puisque nous sommes, par définition, dans l'incertitude.

Les sceptiques et les critiques se trompent, les gens ne sont pas dupes. Ils connaissent l'urgence de mettre un terme à l'indécision et d'agir, c'est-à-dire de passer à l'action et de faire quelque chose précisément au moment où l'on ne sait plus quoi faire. Ils ne veulent surtout pas passer le reste de leur vie dans le regret de n'avoir rien fait.

Dire que les avis obtenus par divination n'ont aucun fondement ni raison démontrable, c'est décrire précisément l'état dans lequel la pratique prend tout son sens. Quand l'avenir paraît incertain et la situation incompréhensible, il faut lui fournir du sens. Lorsqu'il n'y a plus de raison qui tienne, la vie continue néanmoins et il faut la vivre. Dès lors, il devient astucieux de faire appel au devin. Voilà pourquoi l'irrationalité n'est pas une accusation valable contre la divination. Car la véritable tragédie serait de rester dans le doute, renfermé sur soi, et de se prétendre incapable de prendre un risque. L'humanité n'a jamais profité des conseils d'experts en orientation professionnelle.

Nos ancêtres connaissaient les bénéfices de la divination. D'ailleurs, si nos ancêtres n'avaient jamais pris de risques, nous ne (n'en) serions pas là.

SERGE BOUCHARD

Il y a de cela plusieurs années, je me promenais dans un champ de blé d'Inde à vache, dans le fin fond de la Roumanie, tout près de la frontière de l'Ukraine. Ce champ m'apparaissait immense et les petits sentiers terreux qui le traversaient exerçaient une forte attirance sur mon tempérament de promeneur impénitent. Le soleil se couchait. Au milieu de cette forêt de blé d'Inde, je fus aperçu par une jeune fille assise devant un feu de brindilles. En retrait du sentier, elle occupait une sorte de petite clairière résultant probablement de la mort précoce d'un petit groupe de plants de blé. Elle semblait appartenir à ce lieu mais il n'y avait rien autour d'elle hormis son faible feu. Peut-être vivait-elle aux alentours, je n'en sus jamais rien.

La jeune fille était une gitane parlant français avec un fort accent. La situation était intemporelle et même assez cocasse, moi qui me croyais absolument seul dans cet océan de blé, elle qui me voyait venir depuis un bon bout de temps.

Elle m'adressa la parole comme si de rien n'était, de la manière la plus naturelle du monde. « Monsieur, voulez-vous connaître votre avenir ? Pour un rien, pour ce que vous voudrez, je peux tout dire sur le sujet car je vois tout. Vous êtes un étranger et vous venez de loin. Voulez-vous savoir où mène votre route, je parle de la route de la vie ? »

Nous étions au mois de septembre de l'année 1972.

Désarmé par des paroles aussi simples que profondes, je lui dis :
« D'accord, voyons ce que tu sais. »

Ma réponse fut suivie d'un très long silence. Puis elle me
prit les deux mains et me regarda bien droit dans les yeux, tout
en continuant à ne rien dire. Le soleil venait de disparaître à
l'horizon des têtes de blé et nous étions enveloppés d'une tranquille obscurité. Finalement, une faible lueur de flamme lui
éclairant le visage, elle se mit tranquillement à me raconter ma
vie future.

Il s'agit là d'une expérience peu commune et je ne recom-
mande à personne de tout savoir sur ce qui doit lui advenir.
Savoir où et quand, savoir qui et comment, c'est difficile, il faut
le dire. Mais justement, la jeune gitane me fit faire le vœu du
silence absolu à propos du contenu de ses visions. À la fin,
étourdi, je me relevai et avant de partir je lui proposai quelque
argent en retour de son service. Elle me répondit : « Tu peux
garder tes billets de banque, tu en auras plus besoin que
moi… »

BERNARD ARCAND

Les esprits faciles racontent que la divination est une occu-
pation à la portée du premier venu. À les entendre, il suffirait de
savoir jouer et profiter de la crédulité bonasse de la populace. Et
tout ce que le métier exigerait, ce serait un minimum de bon
sens, juste ce qu'il faut pour survoler une mer assombrie par le
doute et l'angoisse. Comme le dit, dit-on, le dicton, le devin
serait un borgne que ses fidèles suivent aveuglément.

La vérité est tout autre. Le métier de devin n'est pas si commode, il comporte des risques appréciables. Chaque fois que le
devin prétend prédire les événements du lendemain ou ce qui
se passe ailleurs, il ne peut rien au fait que demain vient vite et
que l'on peut généralement aller voir ailleurs. La vérification est
souvent aisée et tout devin court le risque de se tromper. En pré-

disant, il doit nécessairement s'avancer, prendre des risques, mettre sa réputation et sa carrière sur le billot. Tout le contraire de l'historien qui s'occupe de ce qui s'est déjà passé et qui, par la suite, en propose une lecture personnelle. Bien sûr, lire l'avenir exige une boule d'un cristal particulièrement pur et limpide, alors que le passé se laisse entrevoir même à travers des archives sombres et poussiéreuses.

Voilà pourquoi les devins durables, ceux et celles qui ont plusieurs années de métier, n'osent jamais prédire à la légère. Ces professionnels de la divination savent qu'il est essentiel de deviner mou. Ils savent prédire flou, jamais trop précis ni trop pointu. La technique est élémentaire mais cruciale, c'est en fait la seule véritable assurance de la profession. Le bon devin doit savoir annoncer que c'est « pour bientôt » ou « dans les jours qui viennent », mais sans préciser « mardi après-midi » ou « jeudi matin ». Il doit savoir révéler que « les choses iront mieux » tout en évitant d'ajouter que le client trouvera les 27 800 dollars qui lui manquent. Prédire un ennui de santé passager, mais ne jamais suggérer 50 milligrammes de tétracycline. Laisser entendre que le bonheur est proche, sans spécifier qu'il s'appelle François ou Marie-Christine. Tout bon devin doit savoir assumer le ton vague qui laisse une pleine mesure à l'interprétation et assure qu'il aura toujours raison.

Il serait temps d'admettre que ce n'est pas une tâche facile. Car il est assurément plus délicat de prédire l'avenir que de donner des ordres ou de prodiguer des conseils. Sans leur dire ouvertement quoi faire, le devin sait respecter la capacité de ses clients d'interpréter ses annonces à leur pleine satisfaction. Le devin compétent, celui qui ne prévoit jamais l'incroyable, fait davantage appel à l'intelligence de ses auditeurs. Il leur fait confiance, il mise sur leur capacité à interpréter ses messages.

Voilà ce qui caractérise les amateurs de divination. Loin de former une classe de simples d'esprit naïfs et serviles, les gens qui consultent les devins doivent avant tout être perspicaces et intelligents. Le devin leur annonce trois fois rien et néanmoins, dans leur tête, la lumière se fait et tout s'éclaircit. Et souvent à une vitesse qui ferait rougir d'envie Maigret, Poirot ou Colombo.

SERGE BOUCHARD

La boule de cristal n'est plus à la mode. Plus personne n'y croit. Elle a pourtant connu une longue et belle carrière. Combien de gens au fil des ans se sont soumis au rituel? Des milliers, des millions? Une vision pareille, cela ne s'oublie pas. Mais tout cela n'est plus. Nous n'avons plus la foi. Pourquoi une telle chute à la bourse de notre confiance? Je crois que la boule de cristal n'a simplement pas survécu à l'arrivée de la télévision. Car la boule était une télévision, une télé réservée à des initiées qui pouvaient nous communiquer ce qu'elles voyaient. Les voyants ne couraient pas les rues. De fait, ils se cachaient dans des chambres obscures aux décors étonnants. Aujourd'hui, télévision aidant, nous sommes tous des voyants et chacun possède son téléviseur de cristal dans sa propre chambre obscure. L'ordinateur est pire, qui devient une autre sorte de boule s'ajoutant à notre panoplie de machines à voir, de machines à surmonter l'espace et le temps.

Le destin dans une boule, une sorte de lune aux messages cryptés et secrets, c'était un fameux truc. De nos jours, l'écran dit tout, dans un langage qui convient au commun des mortels. La boule jacasse comme une pie.

Les devins qui veulent survivre doivent se recycler dans de nouvelles machineries : il y a les cartes qui fonctionnent toujours, elle est toujours très prisée, la cartomancie. Et puis, il y a les sondages qui, eux, sont promis au plus bel avenir.

BERNARD ARCAND

Devenir devin n'est pas à la portée de tout le monde. Le métier est exigeant. Il demande du courage et une bonne dose d'abnégation. Selon les cas, il faut se montrer capable d'étudier attentivement les moindres détails d'entrailles puantes et repoussantes, avoir le courage d'égorger un animal pour consulter son foie ou ses intestins, être capable de tenir à l'œil et de suivre les moindres variations des mouvements migratoires subtils d'hirondelles volages et capricieuses, avoir le talent de lire les lignes d'une main sans la chatouiller ni faire rire de soi (sachez que les lignes de la main ne sont pas toutes aussi lisibles que celles de Mathusalem, chez qui elles atteignaient l'omoplate), savoir choisir les bons mots pour l'horoscope de la troisième semaine de février 2004 qui ne doit pas répéter celui de la première semaine de juin 1962. Tout cela exige du savoir-faire et de la discipline.

Cependant, c'est un métier qui évolue rapidement. Les traditions se perdent et les techniques ancestrales sont progressivement oubliées. De nos jours, pour prétendre prédire l'avenir, inutile de se salir les mains, il suffit de faire des sondages. Ce n'est plus tout à fait la même chose. La divination permettait d'atteindre l'inconnu et l'inimaginable. La lecture d'une ligne de main qui prévoyait une vie longue et d'innombrables amours tortueuses pouvait étonner ou paraître incroyable, mais l'annonce demeurait fascinante. Au contraire, le sondage ne fait que confirmer les convictions et les platitudes les plus inébranlables : bien sûr, une majorité aimerait disposer de quatre esclaves qui feraient tout le travail à leur place, Dieu existe et nous aime beaucoup, tous voudraient faire davantage pour les lépreux pauvres et, en général, mieux vaut être sadique et méchant que psychopathe et peureux. Tout cela nous le savions, sans aucun besoin de faire appel à la divination.

Alors que la divination s'intéressait à l'inconnu et à l'improbable, aux choses qui nous tiennent vraiment à cœur et qui nous font rêver, ceux qui disposent des moyens de se payer les oracles modernes du sondage s'intéressent avant tout aux résultats des ventes ou à ceux de la prochaine élection.

Peut-être aimeriez-vous devenir devin. À la manière des

éditorialistes et autres commentateurs qui nous mettent en garde contre les malheurs prochains et qui interrogent l'avenir en lui soufflant les réponses. Comment devient-on devin ? Devinez comment il faut s'y prendre ! Y a-t-il des écoles spécialisées ? Un certificat court ? Une formation continue ? Un DEC intégré en devinettes ?

D'abord, mieux vaut rester modeste et débuter au bas de l'échelle. Après avoir surmonté les questions élémentaires en devinant qui frappe à la porte et ce qu'il serait bon de manger pour souper, faites-vous la main, premièrement, comme météorologue, en prédisant la pluie et le beau temps. Annoncez ceci et cela, peu importe, personne ne vous croira. Entre-temps, vous apprendrez le métier et, peu à peu, vous vous habituerez à prédire que les jours ordinaires se maintiendront aux alentours de la moyenne normale et que, de temps à autre, un record battu rappellera que la vie demeure passionnante et mérite d'être vécue.

Plus tard, dans l'espoir de mousser votre carrière, vous pourriez chercher à prédire qui gagnera la prochaine course à la chefferie, ce qui suffira amplement à justifier quelques lettres d'opinion ou quelques articles dans un bon quotidien. Qui remportera la lutte pour la suprématie dans la division ouest ? Voilà de quoi nourrir d'inlassables tribunes téléphoniques. Y a-t-il rumeur d'élection ? Vous pourrez alors meubler sept ou huit heures de télévision, section affaires publiques et information. Prédisez ensuite les tendances légères de l'évolution sociale et vous arriverez alors à fonder un cabinet de consultants qui obtiendra des commandites gouvernementales ; sachez que les futurologues modernes touchent des salaires qui dépassent largement le prix des entrailles de poulet de Jules César.

Vous prédirez ensuite la croissance des pays de l'OCDE. Puis, rendu au sommet, si vos aptitudes se confirment et que vous devenez un authentique devin, vous serez couronné « conseiller financier ». Si vous avez le goût du spectaculaire, on vous verra en transe sur le parquet de la Bourse. Si vous préférez la discrétion, on vous verra dans le train de banlieue, à lire ces longues colonnes de chiffres qui ressemblent étrangement aux rapports de courses attelées. En identifiant les failles dans ces chiffres, tout comme d'autres savaient reconnaître les fractures d'un os de mammouth, vous prodiguerez de précieux conseils sur les meilleures stratégies pour localiser le gibier du bénéfice rapide et du profit net dans la jungle des marchés financiers. Les techniques ont beaucoup évolué, mais l'intention date de la préhistoire.

Enfin, rendu au zénith, lorsque vous serez acclamé meilleur devin du monde, vous pourrez nous enseigner si la vie vaut la peine d'être vécue et nous dire ce qu'il serait bon de manger pour le souper.

SERGE BOUCHARD

On a les devins qu'on mérite. De nos jours, le devin se métamorphose. Il suit la pente générale de la profanation. Prêtre jadis, il se libère à présent des simagrées et des rituels, des fumées blanches et de l'encens. Trêve d'alchimie et de secret, passons à la technique. Les spécialistes en perspectives prévisionnelles se retrouvent tous sur les autels. Ils voient dans le futur à partir de signes étonnants. Détenteurs d'indices, ils ne lisent plus les lignes, ils épluchent des chiffres. Ce sont les sondeurs, les économistes, les bricoleurs et fabricants d'images qui n'arrêtent pas de prédire le futur qu'ils construisent eux-mêmes. Saluons l'astuce : aussi bien commenter le mensonge que l'on dit en créant le mensonge qui s'en vient. Les devins de toutes les époques ont rêvé à cette sorte de crédit.

Le sondeur est le champion de la supercherie. Il crée le monde qu'il sonde. Et le sondage renforce le monde qu'il crée. Cercle maudit que personne n'aperçoit. Le devin-sondeur est à l'abri puisque personne n'interroge la nature de sa magie. Au monde des opinions et des perceptions, l'interprète aura toujours le choix de l'illusion. Si tu demandes mon opinion, tu ne sauras jamais ce que je pense. Mais il apparaît clairement que les sondeurs fuient les idées comme la peste. Ils ne veulent surtout pas savoir ce que j'en pense vraiment. Ma pensée leur échappe. Ces décodeurs de signes ne sont pas des décrypteurs de textes. À partir de signes quelconques, oui, non, j'aime, j'aime pas, j'aime moins, je comprends, je comprends pas, noir, blanc, peut-être, plus, moins, je sais, sais pas, les sondeurs traduisent un monde qui n'existe pas. En fait, les sondeurs sont des surfeurs, des patineurs sur la surface d'un lac profond. Ils effleurent, ils sont tout sauf des sondeurs. Si je dis oui, ils pensent que je dis oui et que mon oui est un vrai oui. Pire, je ne dis rien, je n'ai rien dit, et ils se mettent à dire que je suis indécis. De la sorte, le sondeur est le devin rêvé des chefs éloignés de la profonde vérité qui gît au cœur de notre vie. Le devin-sondeur s'associera vite aux fabricants d'images. Ils commencent tous leurs analyses de spécialistes par des phrases consacrées : « Le monde pense, les gens veulent, etc. » À force d'inventer des désirs d'être à la place des êtres, cela dispense de les fréquenter.

L'économiste sévit depuis longtemps. Ses prévisions sont toujours fausses, personne ne prend au sérieux ses indices, son discours est souvent franchement drôle, mais qu'à cela ne tienne, la Bourse réagit. Il y a même un prix Nobel décerné chaque année au meilleur devin en la matière.

La divination est devenue la platitude de notre propre modernité. Bien sûr, je suis un nostalgique et je préfère le costume du druide à la binette du représentant d'Angus Reid. Car, en matière de tragédies, je préfère les plus belles. S'il faut choisir un mensonge, autant y mettre la forme.

BERNARD ARCAND

Mon libraire favori est à l'affût de l'air du temps. Depuis quelques mois, il a ajouté une nouvelle catégorie à ses classements traditionnels. En plus des romans, essais, beaux livres, poésie, BD, science et fiction, informatique et ouvrages pratiques, une étagère complète est désormais consacrée à la divination. Sur laquelle on trouvera facilement une centaine d'ouvrages rangés de A à V, de Marie-Noëlle Anderson, dont le livre s'intitule *Nous, les Celtes du Verseau, Tarot astro-mythologique celtique* et se vend 75,95 $, jusqu'à V, le livre d'Audrey Victoria, *Prédictions numérologiques perpétuelles*, vendu 19,95 $ et publié par Quebecor avec l'appui du Programme d'aide à l'édition du gouvernement du Canada. Ce dernier ouvrage annonce, en quatrième de couverture, qu'il nous permettra de « prévoir les mouvements d'autrui », ce qui « peut s'avérer utile dans la vie de tous les jours ».

Je ne crois pas que ce livre me soit très utile. Je n'ai pas particulièrement envie de prévoir les mouvements d'autrui. Voici pourquoi.

Essayez de prédire ce que je dirai de la divination. Devinez ce qui me passe par la tête. Allez donc savoir ce que j'ai derrière la tête. Si vous réussissez, ce livre deviendra, du coup, nettement moins intéressant.

Si vous habitez la campagne, devinez ce qui se passe en ville. Si vous habitez la ville, imaginez à quoi s'amusent vos voisins. Devinez comment cette personne, là-bas, se comporte dans l'intimité. Imaginez-la sans vêtements. Devinez si vous trouveriez le bonheur en sa compagnie. Et pour combien de temps ?

Voilà comment les autres arrivent facilement à me fasciner. Voilà pourquoi j'aime les innombrables devinettes du grand jeu de la séduction imprévisible. Voilà aussi pourquoi je n'achète jamais de livres de divination.

SERGE BOUCHARD

La divination nous rappelle à l'ordre du divin. Dans notre monde profane et scientifique, là où les dieux n'ont plus leur place, où Dieu est mort tout simplement, nous reportons encore et malgré tout notre foi dans l'ordre du divin. Nous sommes superstitieux comme jamais, nous cherchons des signes et des clés, comme si des correspondances nous échappaient, des liens étrangers à la science mais qui gouvernent pourtant notre avenir. Un ordre se cache dans le désordre. Le destin est écrit. Voilà bien notre lot. Si nous savions lire dans la main, dans le ciel, dans tous ces signes qui nous sollicitent, si nous pouvions naturellement déchiffrer les correspondances multiples entre les événements, les faits, les choses, les paroles, les mots, les phénomènes et les êtres, alors nous saurions tout de tout. Car tout est écrit, comme on dit. La divination respecte l'impression naturelle qu'il est un sens dans tout, un sens caché s'entend, un qu'il nous faut découvrir.

Le destin nous effraie s'il est laissé à lui-même. Le divin nous rassure qui maîtrise le destin. Nous aimons mieux maudire les dieux que le sort. En réalité, être superstitieux, c'est être religieux.

Il sera toujours impossible à l'homme de simplement tuer Dieu. Cela revient à se tuer soi-même. La société abat ses idoles, les vieilles divinités connaissent des temps crépusculaires, le veau d'or est renversé, les consciences s'éclairent, nous avons beau faire, nous ne faisons que changer la couleur des soutanes. Ce qui est jeu est religieux et le jeu ne s'est jamais si bien porté.

Finalement, nous sommes convaincus qu'il existe un autre monde, et que ce monde est ici, comme disait le poète Eluard. Dans l'ordre des phénomènes qui nous arrivent et qui surviennent, cet autre monde l'emporte sur tout. La science fait pâle figure devant la croyance. L'éternel lieu commun se dit comme suit : « cela devait arriver ». Ainsi que ses variantes. Si « ce qui doit arriver arrivera », alors nous sommes des fétus flottant à la dérive sur le fleuve du destin. Un ordre nous gouverne qui nous échappe entièrement.

La divination a de l'avenir.

BERNARD ARCAND

Les Romains n'entreprenaient aucune campagne militaire sans d'abord consulter leurs oracles. Les dirigeants du puissant Empire inca observaient le comportement prémonitoire d'animaux captifs, quelques araignées ou serpents conservés dans des petits pots.

Les experts qui surveillent ce genre de choses affirment que ce sont principalement les couches les plus pauvres de nos sociétés, les personnes les moins scolarisées et les plus démunies qui font le plus appel aux prophètes de l'horoscope, aux diseurs de bonne aventure et aux promesses des loteries populaires.

Il y aurait donc un point commun entre les extrêmement puissants et les totalement insignifiants qui, les uns comme les autres, se passionnent pour la divination. L'avenir les inquiète. L'empereur voudrait imaginer que son pouvoir est éternel, le pauvre ne peut pas croire que ça va durer. Ce dernier n'a pas d'avenir, l'empire appréhende son déclin. Les deux espèrent que le devin confirmera qu'il en sera autrement.

SERGE BOUCHARD

Depuis des temps anciens, les devins ont appris à se ménager une voie de sortie. Rien de plus difficile, quand on est devin, que de travailler pour un empereur du type d'Atahualpa, voire de Caracalla. Car imaginez le risque : devoir dire à l'autorité terrible que les augures ne lui sont pas favorables. Pire, que les tripes du mouton annoncent l'imminence d'une grande tragédie. Comment dire à Tamerlan qu'il vit ses derniers jours et qu'il sera étripé demain par son pire ennemi ?

Cela ne se dit pas. Les vérités divinatoires sont si terribles parfois qu'il est prudent de ne jamais les révéler. Pour contourner la difficulté, les devins mentent. Un devin menteur, cela ne vaut pas la dépense.

BERNARD ARCAND

Quand le réel manque de sens et que l'information fait défaut, quand l'avenir devient imprévisible, nous avons toujours tendance à sonder l'infiniment petit ou l'infiniment grand. Nous sommes convaincus que l'avenir est lisible soit dans le mouvement infini des astres célestes, soit dans les teintes à peine perceptibles des minuscules veines intestinales d'un petit animal minable. On s'obstine à chercher une solution aux problèmes de l'existence dans la trajectoire de Saturne sur 3,5 milliards de kilomètres ou encore en effeuillant une minuscule marguerite un peu, beaucoup, passionnément. Voilà un paradoxe que Blaise Pascal savait apprécier, lui qui jouait avec son chat qui s'amusait avec lui.

Mais cela n'a rien de surprenant car tout le monde devrait savoir que la trajectoire de Saturne correspond au rythme de croissance des marguerites et que ces petites fleurs sont des émissaires extraterrestres. Entre ces deux niveaux, les liens sont moins certains. On dirait qu'il y a un chaînon manquant.

SERGE BOUCHARD

La scapulimancie m'intéresse au plus haut point. Parmi toutes les pratiques divinatoires que l'homme a inventées, celle-là me semble la plus ancienne et la plus profonde. Les anciens Innus mettaient l'omoplate du caribou sur la braise dans l'espoir de pouvoir lire dans l'os le destin de leur communauté. Je crois au pouvoir de l'omoplate, j'ose espérer qu'il y a plus dans le dessin d'un os calciné que dans celui des feuilles de thé. L'épaule du cervidé porte la mémoire de chacun de ses pas. L'os plat enregistre les espaces parcourus, il incarne la ronde incessante des grandes migrations, les fuites et les marches forcées, le nouvel aller, le nouveau retour, le croissant du balancier, le cercle de notre propre tour. Si tu veux lire dans l'avenir, apprends à lire dans le passé. La vie, nous l'avons dans l'os.

Ce serait donc dans la mémoire que se trouve la clé du destin. Cette mémoire se concentre dans nos os les plus plats. Notre mémoire à nous n'est jamais insuffisante quand il s'agit de lancer nos programmes de lecture. L'ossature enregistre les données de l'espace, « ces jambes sont faites pour marcher », et le dessin de nos courses dit bien comment s'exerce la destinée. Dans la grande noirceur qui baigne la solitude infinie de nos soirées, le feu retient notre regard. Jetez-y un os plat de locomotion et vous le verrez noircir. Puis la surface se fendillera en autant de lignes illustrant des chemins. Ce sont les routes du destin. Mais qui saurait lire dans ce grand livre ouvert ? Notre nature est si sauvage et nos lectures si cultivées. Nous sommes ce que nous sommes et nous évitons soigneusement de nous envisager.

Saint-Hubert BBQ maintient le dernier contact avec la sagesse et la tradition du grand paléolithique. Nous sentons tous qu'une vérité très grave se cache dans les os du poulet. Mais nous restons muets devant les débris du repas, comme nous le sommes toujours devant les vieux manuscrits dont nous ne déchiffrons pas l'écriture. Il est vrai que poulet n'est pas perdrix et que la somme d'informations inscrite dans le squelette d'un coq rôti n'est pas pour vous remonter le niveau des connaissances humaines. C'est qu'il n'a pas vécu, le pauvre poulet, enfermé qu'il était dans son corridor de grande production. D'où son indéniable pâleur, sa fadeur, son manque de sens, son absence de goût. Reste que nous conservons le souvenir du « *wish bone* », nous sommes fascinés par ce vieil Y, symbole de la fourche. Oui, disons-le, la croisée des chemins est chose assez moderne. Il aura fallu multiplier les routes avant de finalement en tirer quelques croix. Quatre chemins sont nécessaires pour la raison des angles droits. Notre mémoire la plus ancienne se souvient du Y avant de retenir la croix. Nous avons, ancrée au fond de nous, l'angoisse de la fourche : prenons-nous la bonne voie ? À droite, tu te perds, à gauche, tu es sauf.

Mais comment savoir ? Sinon en lisant dans le livre des signes. Les os plats calcinés furent nos premières tables de la loi. C'était la loi du hasard et de la nécessité.

BERNARD ARCAND

Certaines choses ne sont jamais devinées. Et je ne parle pas des surprises que nul ne voyait venir. Citons l'exemple des saisons. La sagesse populaire, que certains prétendent infinie, permet de prédire si l'hiver sera court ou long, s'il sera dur ou doux. Il suffit de compter les pelures d'oignon, d'observer la quantité de noix mises en réserve par les hibernants, de mesurer la couche de graisse de l'ours ou de surveiller la marmotte qui jette un coup d'œil sur son ombre. Ces techniques amusantes, et bien d'autres encore, permettent de prédire le genre d'hiver que nous aurons.

Sans faute, chaque année, nous prédisons l'hiver. Jamais l'automne, rarement le printemps, quelquefois l'été. Nous voulons surtout connaître ce que l'hiver nous prépare.

La divination est une réponse aux questions qui nous préoccupent. Dans les temps anciens, les devins prédisaient la vie longue ou la maladie prochaine. Le thème devait être pris au sérieux à une époque où la vie était dure et la menace de mort permanente. De nos jours, la divination s'intéresse davantage à l'amour et à la bonne fortune, thèmes qui semblent avoir remplacé la mortalité, réduite désormais au rang d'un secret dont personne ne veut plus discuter ou d'un banal calcul de fatalité statistique. Nous ne nous inquiétons plus de savoir si nous finirons en enfer. Ce qui nous préoccupe vraiment, c'est d'apprendre s'il y aura bientôt la fortune et l'amour et combien rigoureux sera l'hiver prochain. Nous sommes sans doute moins peureux qu'avant, mais beaucoup plus frileux.

SERGE BOUCHARD

C'est entreprendre un gros morceau que de s'attaquer au ciel. La clé de tout se trouve au-dessus de nos têtes. Je suis né à minuit deux, le 27 juillet 1947. Dans quel état se trouvait le ciel à la seconde où mon âme s'est pointée ? Que faisait Jupiter dans l'angle du Berger et pourquoi cette nuit-là les étoiles ont-elles filé ? Un météorite frappait un chien, en Palestine, le tuant sur le coup sous les yeux de son maître surpris. L'horloge marquait minuit deux à l'heure de la petite Italie. Lorsque le médecin coupa le cordon qui me reliait à ma mère, le tonnerre se fit entendre et un orage mémorable s'abattit sur Montréal. On retrouva des centaines de loups morts, au Labrador. Ils avaient trop hurlé. La Lune, devenue folle, les avait brisés à force de les appeler. Des faits nombreux et étonnants se produisirent, tellement nombreux et à ce point étonnants que je les tiens pour secrets. Si je disais ce que je sais, vous me déclareriez fou, et je ne serais pas très avancé.

Cependant, vous vous en doutez bien, cette histoire est sans fin. Lors d'un colloque international où je tenais le rôle de savant que je suis, une femme m'interpella sur un ton excité. Elle m'attrapa au vol alors que je traversais une salle bondée de gens ; je ne la connaissais ni d'Ève ni d'Adam. Elle me pria d'accepter qu'elle regarde la paume de ma main droite. L'ayant fait, elle s'exclama : « Je le savais, je le savais, vous avez une ligne palmaire continue ! » Surpris d'apprendre ce fait mais ne sachant pas ce qu'était une ligne palmaire continue, je la regardai d'un air interrogatif et insistant. Elle se tourna vers ses amis et se mit à leur expliquer, à eux comme à moi, ce que signifiait cette extraordinaire découverte. « Sachez, Monsieur, que la ligne palmaire continue est une chose très rare chez les humains. Rarissime ! Regardez votre ligne palmaire, elle traverse votre main de part en part sans aucune rupture, sans s'interrompre ou se diviser. En fait, elle est parfaite et bien creusée. Elle est le signe d'un destin exceptionnel. Prenez-le comme vous voudrez, mais je suis émue de vous rencontrer. On ne rencontre jamais personne dans la vie dont la main droite est sillonnée par une ligne palmaire comme la vôtre. » Je continuai ma route et mes affaires en me demandant ce qu'elle voulait bien dire. Certains cyniques soutiendront que la dame avait d'autres intentions mais les cyniques n'entendent rien à la divination. Pour ma part, je préférai croire au sérieux du propos, d'autant que l'affaire du destin exceptionnel m'arrangeait un peu. Mieux vaut un destin exceptionnel qu'un destin ordinaire. Remarquez qu'il est rare qu'un diseur de bonne aventure récite l'annonce d'un destin plat et terriblement ordinaire. Par contre, la prédiction d'un destin exceptionnel vous relève le moral pour longtemps. Car alors, on attend. Tout peut arriver de contraire, de douloureux, de mal, on sera consolé, car l'exceptionnel s'en vient.

Depuis la reconnaissance de cette ligne dans ma main, je m'inquiète. D'abord, je me demande encore comment j'ai pu vivre si longtemps sans m'apercevoir par moi-même de la chose. Si je n'avais été interpellé par cette inconnue du colloque, j'aurais vécu dans l'ignorance de mon exception. Et puis, le doute persiste. Cette ligne palmaire ayant été mise au jour, voilà que je l'observe de temps à autre. Je lis dans ma propre main. Je remarque des détails mystérieux. Penchez-vous sur une ligne assez longtemps, vous finirez par lui trouver quelque chose. Ma ligne se distingue bel et bien par sa continuité mais elle est moins droite et moins creusée dans sa toute dernière partie. La fin de ma vie s'avérera peut-être fort compliquée. Les mots sont eux-mêmes compliqués. Quel est le sens véritable du mot exceptionnel ? Nous pouvons être « exceptionnellement malheureux ». Je suis l'exception de quoi au juste ? Ce n'est pas commode d'être l'exception de je ne sais quoi. Il y a tant de choses dont je ne veux pas être excepté.

Pour clarifier l'affaire, il me faudrait peut-être consulter. Mais alors, que me découvrira-t-on ? L'inquiétude nous guide, l'angoisse nous conduit aux portes de ce type de démarche qui consiste à nous rassurer. C'est la peur qui nous pousse. J'ai peur de l'avenir, comme tout le monde. Mais j'ai encore plus peur de ce que le devin pourrait me dire. En un mot, rien ne pourra jamais me rassurer.

Je suis né sous un coup de tonnerre. Vais-je mourir dans un bruit d'enfer ?

Quoi qu'il en soit, je commence à exécrer l'exception. J'aurais préféré des tourments ordinaires.

BERNARD ARCAND

Lors d'un récent colloque scientifique qui réunissait d'éminents spécialistes de la paléontologie et de l'évolution, on posa la question combien fondamentale de la datation précise des origines de l'être humain. Soit celle de l'instant précis où le singe cessa d'être un singe pour se transformer en Adam et Ève.

Selon les experts, l'une des pistes de réponse possible serait le moment où l'animal commence à s'inquiéter du lendemain. L'Homme avec un grand H serait devenu Homme avec un grand H dès qu'il a commencé à vouloir prévoir son avenir et à agir en conséquence. Au-delà des peurs ordinaires que tous les animaux éprouvent, au-delà des provisions de l'écureuil et de l'accumulation de graisse chez l'ours, l'être humain devise et calcule en fonction de l'avenir. Typiquement, il prévient, fait des plans, dresse des stratégies et organise de mieux en mieux ses lendemains.

Ce que ces experts nous disent, en somme, c'est que la divination est née dans les profondeurs de la nature humaine. Nous serions ce que nous sommes depuis que nous préparons l'avenir. En d'autres mots, selon les paléontologues, l'être humain serait fait pour l'inquiétude. Sans malheur, pas de progrès. Et notre inquiétude est tellement vieille, c'est si long trois millions d'années, qu'il ne faut pas se surprendre que nous ayons oublié depuis longtemps le plaisir simple et primitif de s'amuser follement sans penser au lendemain.

*   *   *

Dans la vie, il y a deux ou trois choses dont je suis absolument certain. Mais il s'agit de choses sérieuses qui n'intéressent personne. D'autre part, il y a aussi des choses que je soupçonne, mais elles me semblent douteuses et tous les considèrent douteuses. Par contre, ce que je ne sais pas, je le devine. Et quand je devine, j'invente. Très librement. Et quand j'invente, j'exagère. Et c'est dans ce dernier cas, me dit-on, que je suis le plus convaincant.

IX

LE GASPILLAGE

Parlons franchement, mettons cartes sur table et allons tout de suite droit à l'essentiel : si ce chapitre ne fait que répéter platitudes et banalités, vous aurez le sentiment désagréable mais légitime d'avoir perdu votre temps en lisant ce livre et vous conserverez l'impression très nette d'avoir gaspillé votre argent.

Car le gaspillage constitue une inquiétude permanente, qui accompagne l'être tout au long de sa vie. C'est l'un des fléaux inévitables de la condition humaine. Nous vivons tous sous sa menace constante, puisque, à bien y penser, n'importe quel geste ou comportement risque de tourner au gaspillage. Tout est affaire de perspective, d'évaluation et de jugement, si bien que les points de vue sur la question du gaspillage sont nombreux et que certains peuvent s'affronter.

Par exemple, on annonçait récemment qu'un Néo-Zélandais, sans doute aspirant au titre de champion mondial des verbomoteurs, avait passé vingt-cinq heures consécutives à parler, de tout et de rien, avec pour seul répit une pause de quinze minutes toutes les huit heures, dans le but de voir son nom inscrit au livre Guinness des records excessifs. Doit-on conclure qu'il s'agit là d'un cas flagrant de dépense inutile de salive ? Est-ce un gaspillage que de vivre en banlieue, avec pelouse et tondeuse, piscine et barbecue, sans mentionner la laveuse et la sécheuse qui ne servent que quelques heures par semaine ? Avons-nous vraiment besoin de laver à l'eau brûlante ? Est-ce gaspillage que de souffler des montagnes de neige qui, de toute façon, vont fondre au printemps ? Est-ce brûler ses ressources que d'aller dans l'église de son choix et d'y allumer un gros cierge à cinq dollars ? Et alors qu'il y a tant de pauvreté dans le monde, que dire de ces gens qui jettent des pièces de monnaie dans les fontaines ? Doit-on vraiment acheter un manteau d'hiver avec dix-sept poches et pochettes dont certaines ne seront jamais découvertes ? Est-il vraiment raisonnable de placer sept fois les mots « genre » ou « style » dans une phrase par ailleurs parfaitement cohérente ? Est-ce pur gaspillage que de grimper au sommet de l'Everest ou de traverser l'Antarctique ? Ou de se lancer dans le jogging sans raison ? Est-ce que tous les records olympiques ne sont pas des exemples de gaspillage ? Et les arbres de Noël illuminés jusqu'en février ? Et tous les projets du millénaire ? Que dire aussi des buffets chinois infinis et des restaurants américains où l'on vous offre « *all you can eat* » ? N'y a-t-il pas trop de notes dans les œuvres de Mozart ou d'Eric Clapton ? Vaut-il la peine de gaspiller les fonds de l'État et de sacrifier des vies humaines pour la défense de quelques arpents de neige ? Est-ce que le gouvernement doit subventionner les arts, la danse et la musique contemporaines, ou même le sport professionnel ? Est-ce gaspillage que d'assister à quarante et un matchs de hockey par année depuis dix-sept ans (sans compter les parties d'après-saison) ? Est-ce qu'on perd son temps en collectionnant monnaies, poupées, timbres, cartes de sport, décorations officielles, honneurs ou indulgences ? Est-ce que l'entartage, au-delà du plaisir immédiat, représente une forme de gaspillage scandaleux de crème chantilly ? Et si le yoga enseigne le contrôle économe de la respiration, est-ce que cela rend excessifs tous les exercices qui cherchent à stimuler le cardio-vasculaire en augmentant le rythme cardiaque ? Pour les bienheureux qui connaissent le succès et un salaire horaire élevé, est-ce que le fait de dormir devient une perte de temps et d'argent ? Est-ce gaspillage grotesque que de dépenser un quart de million de dollars dans le but de cloner son chien et d'obtenir ainsi une réplique identique de son toutou favori ? Est-ce qu'on devrait qualifier de catastrophe nationale le fait de regarder, en moyenne, vingt-trois heures de télévision par semaine, soit l'équivalent, au cours d'une vie de 75 ans, d'une période totale de 10 ans de visionnement continu, jour et nuit ? Est-ce encore gaspillage que de manger du bœuf, ou de suivre la mode ?

On pourrait multiplier les exemples, qui se transforment chaque fois en cas de conscience. Que cette conscience soit large ou étroite, chaque cas exige évaluation et jugement. Et notre société, très portée sur l'utilitarisme, demande inévitablement : « À quoi ça sert ? » Car si les compétitions de fox-trot ou la construction de répliques du pont local en cure-dents vous mériteraient probablement une invitation à un prochain dîner de cons, le droit et le pouvoir de déclarer que de telles activités sont de véritables pertes de temps et de talent reposent toujours sur le même constat d'une dépense jugée inutile et excessive. C'est dire que pour entrer dans le territoire du gaspillage, il est nécessaire d'échapper à la catégorie des gestes utiles et d'avoir quitté la zone des comportements raisonnables.

Ce qui n'est pas rien. Cela suppose qu'on arrive à définir ce qui est raisonnable par opposition à tout ce qui est inutile et superflu dans la vie. À distinguer le bien du mal et à atteindre, en somme, le sens profond de la vie. Reconnaître le gaspillage, c'est savoir à coup sûr si Dieu existe ou non, connaître ce que l'avenir nous réserve et comprendre pourquoi nous sommes là. Le moins que l'on puisse dire, c'est que ceux et celles qui, à l'article de la mort, recherchent une telle sagesse et essaient de savoir si leur vie n'aura été finalement que gaspillage posent la bonne question.

SERGE BOUCHARD

J'ai connu un chasseur, jadis. Je ne parle pas de trophée, de sport et de loisir, je parle de vie et de survie, de façon d'être, d'histoire et de culture. Il s'appelait Michel et c'était un Innu du Labrador. Souvent, il lui arrivait de me parler de la famine. Il le faisait avec d'autant plus d'émotion qu'il avait connu une fois dans sa vie une famine d'hiver qui avait failli le tuer, lui et les membres de sa famille. Son père, ses oncles, chacun revenait bredouille de la chasse comme si le caribou s'était envolé. Les femmes ne trouvaient ni perdrix ni lièvres. Le poisson évitait les filets tendus sous une grande épaisseur de glace. Il n'y avait rien à manger. Le cycle infernal de l'affaiblissement s'amorçait que déjà il s'accélérait. Le froid devient vite insupportable à qui l'affronte l'estomac vide. La pensée est floue, le jugement incertain. Le moindre effort demande une énergie que personne n'a plus. Michel parlait de son histoire comme d'un cauchemar qu'il aurait fait la veille. Le souvenir de la douleur d'une faim véritable en est un, semble-t-il, qui s'imprime pour toujours dans la mémoire du corps.

J'ai souvent mangé en compagnie de Michel, dans le bois ou chez lui au village de Mingan-Ekuantshiu. L'on pouvait voir à sa manière d'aborder les repas qu'il avait des sentiments bien à lui, des émotions solides et répétées. Cela se trouvait dans ses gestes, ses yeux, sa concentration, jusque dans sa manipulation de la nourriture. Michel n'avait rien oublié et le précieux de chaque bouchée allait manifestement se faire sentir jusqu'à sa dernière cène à lui. Jamais le proverbe universel n'avait été aussi vrai : le manger, c'est sacré. Lui savait le sens de la cérémonie et il n'avait rien à apprendre du missionnaire catholique à propos de la communion.

Cependant, Michel en tirait de plus anciennes conclusions. Mange cette viande d'ours que les ours t'ont donnée et loue la grandeur de l'ours à chaque bouchée avalée. La terre ne te doit rien et ne t'a rien promis. Sois poli avec elle. Sache l'apprécier.

La nourriture offensée déserte la gamelle. Si le caribou n'est pas au rendez-vous, s'il n'est pas au lieu dit de son offrande, c'est que quelqu'un l'a offensé. Quelqu'un dans le groupe a commis la faute de lui manquer de respect. Plus qu'une absurdité, le gaspillage est un péché originel.

BERNARD ARCAND

Certains laissent entendre qu'il est presque indispensable d'avoir fait l'expérience de la pauvreté et de la misère pour apprécier le gaspillage. Ce n'est pas tout à fait vrai. Les riches aussi connaissent le gaspillage et savent qu'il représente un défi.

Trop, c'est comme pas assez ! L'expression est belle et dit clairement que les contraires peuvent se rejoindre et devenir comparables. Bien sûr, nul n'est moins gaspilleur que celui qui, pour survivre, fouille les dépotoirs du tiers-monde. C'est dans les pays défavorisés que l'on rencontre les meilleurs systèmes de recyclage du monde, justement parce que les pauvres, les affamés et les plus démunis savent qu'il leur est interdit de gaspiller. Mais il ne faudrait pas croire pour autant que les fabuleusement riches ont la tâche facile. Car pour celui qui est super-riche, gaspiller n'est pas aisé. Quand il est habitué au très grand luxe, comment arrive-t-il à dépenser encore davantage ? Comment serait-il possible de dilapider une bonne fortune qui s'accumule sans que l'on s'en rende compte, sans aucun effort, sans travail et même durant son sommeil ? Quand un individu possède des dizaines de millions, quand il n'a plus les moyens de mesurer ses profits, il lui devient ardu d'atteindre la démesure. À ce très haut niveau d'excès, l'excessif n'est pas facile et exige de l'imagination. Plusieurs s'y sont essayés. Soit en se remariant à Las Vegas à dos de chameau, soit en s'offrant un somptueux palais ou un stade olympique, soit encore en mettant le feu à Rome ou en se payant quelques bons bains de sang. Malgré ces efforts, la folie des grandeurs ne garantit nullement la réussite, qui est souvent de courte durée

DU PIPI, DU GASPILLAGE ET SEPT AUTRES LIEUX COMMUNS

puisque la prochaine fête devra nécessairement être plus grandiose encore, ce qui représente un défi chaque fois grandissant.

Les pauvres n'ont évidemment pas les moyens de gaspiller,
les riches ont trop de moyens et n'y arrivent plus. Trop, c'est
comme pas assez et entre les deux, il y a nous qui devrions faire
preuve de compassion et prendre tous ces extrémistes en pitié.

SERGE BOUCHARD

L'abondance abrite le gaspillage. La fréquentation d'un seul
Costco en dit long sur les failles et les fantasmes d'une humanité
millénaire. Cette grande surface est une fête, l'entrepôt de nos
tentations, l'espace de notre triste paradis. Notre mémoire
inconsciente garde le souvenir intemporel de la peur du
manque. Le secret de ce grand succès tient à sa vérité profonde.
Le magasin est un grenier. Le Costco nous indique que tout va
bien merci côté réserve. Nous n'allons manquer de rien. Ce que
nous propose le marchand, c'est de reproduire chez nous le
microportrait de cette abondance. Voilà pourquoi ces marchés
inventent le régime de la démesure. Nous revenons à la maison
avec cent livres de confiture, quatre immenses pots de corni-
chons dont la taille défie nos intentions, de la mayonnaise pour
une armée, un demi-bœuf, un demi-veau dans autant de contenants en plastique, des poches de savon, des barils d'olives, une
nouvelle chaîne stéréo, des caisses de cannettes, des montagnes
de bonbons, une petite télévision, quarante tomates dans une
boîte de carton, dix brocolis géants, vingt-cinq gros oignons.
Dans le stationnement infiniment grand, les stationnés se perdent jusqu'aux confins de l'horizon. Il y a de moins en moins
d'automobiles mais de plus en plus de camions pour transpor-
ter ces tas de vivres à la maison. Chaque client est un empereur
qui ravitaille son empire afin de préparer quelques intimes
batailles. Je suis presque certain que les soldats de Napoléon ne
disposaient pas de pareils vivres et qu'un seul Costco de ban-

lieue aurait fait le bonheur de l'Empereur des Français. Avec de telles réserves, il eût pris la Russie.

Ces temples sont nus, sans fioriture et surtout pas d'architecture. Ce sont des entrepôts éclairés comme les arénas construits dans des terrains vagues. Les stationnements sont lisses, sans arbres ni bordures. Tout vise à mettre l'abondance en relief, les produits en lumière. Les grandes surfaces sont des déserts où l'on empile les marchandises en un seul lieu. Cela nous dispose à nous saisir de tout ce que l'on peut, de prendre notre part du trésor accumulé au beau milieu de ce paysage désolé qui s'attaque aussi bien à notre résistance qu'à notre intelligence. S'ensuit une folie, une euphorie. Nous achetons en quantité sans réfléchir à l'arnaque. Notre brioche est de plus en plus grosse et nous allons devoir la manger. Nous devenons de plus en plus gros et il faudra nous satisfaire encore. Spirale des émotions que nous mangeons aussi.

Mon idée est fort simple, elle est petite et subversive. La société riche s'alimente au principe même du gaspillage. Le grand problème de l'humanité, c'est l'être humain. Voilà un animal qui, placé devant un train de chocolat, perd à peu près tous ses moyens. Il voudra le maximum pour lui, quitte à tomber malade, quitte à laisser pourrir la réserve que son estomac ne pourra absorber.

Les marchands anonymes qui conçoivent ces temples à partir de tours vitrées dans le centre-ville de tous les Toronto du monde ont compris que ce « petit creux » dans l'estomac de l'humain était en réalité une faille qui donnait accès aux profondeurs de notre absurdité. Ne dites pas au marchand que le client n'en aura jamais assez. Car il pourrait en profiter.

BERNARD ARCAND

Un jardin superbe, parfaitement bien ordonné dans des agencements de teintes et d'odeurs magnifiques, mais qui produit peu de plantes comestibles, constitue-t-il un exemple de gaspillage ? Nous l'avons dit, voilà la question élémentaire soulevée par cette notion que le dictionnaire définit comme une dépense inutile. Qu'est-ce que l'inutilité ? La futilité stérile ?

Notons d'abord que l'on ne gaspille jamais que des choses appréciées. Certains peuvent perdre leur temps et d'autres gaspiller leur talent, mais personne ne se plaint si quelqu'un gaspille sa bêtise ou un autre, son avarice et sa méchanceté.

Cette question élémentaire sous-tend tous les débats sérieux sur le sujet. Une question simple et directe à laquelle l'histoire a offert plusieurs réponses. Pour les tenants d'une politique nataliste, lorsque les enfants se font rares et que la nation est menacée, une jeune femme qui n'est pas enceinte représente un gaspillage ambulant. Dans d'autres contextes, c'est au contraire la femme enceinte qui constitue un gaspillage de talent. Dans la vaste tradition indochinoise, le sperme est généralement compris comme une énergie vitale en quantité limitée qu'il serait vulgaire et dangereux de gaspiller. Dans la vieille tradition judaïque, le masturbateur mâle est considéré comme un assassin. Dans d'autres sociétés, parmi les justifications de l'homophobie, on rencontre couramment cette même notion de gaspillage. Aux lendemains de la Révolution française, les amusements et les bonnes manières des aristocrates suffisaient à définir le superflu et le scandaleux. Au siècle dernier, siècle particulièrement sérieux, austère, industrieux, puritain et productif, la reine Victoria nous a appris que même le rire peut parfois sembler suspect et être compris comme une injustifiable perte de temps. Tout est relatif.

À ce sujet, permettez-moi l'exemple d'un cas particulier et très concret. J'ai reçu, le mois dernier, une lettre personnelle signée de la main propre du ministre de l'Environnement m'invitant à une conférence qui aurait lieu le 16 mars au Musée de la civilisation et qui serait donnée par moi-même. Cette lettre toute personnelle adressée à moi-même en personne allait jusqu'à décrire qui je suis et ce que je fais dans la vie, pour mon information et mon plus grand bénéfice. J'ai failli répondre que je n'y assisterais pas sous prétexte que je savais déjà ce que le conférencier allait dire ! Cette curieuse lettre d'invitation doit-elle être jugée comme une petite erreur administrative et un beau gaspillage ? Bien sûr, j'avais déjà noté la date du 16 mars à mon agenda et cette lettre inutile ne m'apprenait rien. Mais elle m'a fait rire, je l'ai montrée à des amis et à ma famille et tous s'en sont bien amusés. D'autres l'ont lue et ont rigolé. Seuls quelques esprits chagrins n'y ont rien compris et se sont insurgés contre l'anonymat absurde de la modernité bureaucratique. En somme, cette lettre a fait jaser, elle a fait rire et même réfléchir. On peut donc conclure que rien de tout cela n'était du gaspillage. Cette lettre apparemment superflue nous a procuré quelques rires, un instant de plaisir, ce qui suffit à alimenter notre meilleure joie de vivre.

L'inutile à première vue peut donc devenir précieux à un second niveau, selon les sens que l'on accorde aux mots « pertinent », « essentiel » ou « important » et qui nous permettent ensuite de définir le superflu, l'inutile ou le gaspillage. Car pour reprendre un exemple classique, il faut d'abord être convaincu que l'argent importe beaucoup pour arriver à croire que perdre son temps constitue un appauvrissement. Dire que l'utilisation excessive et l'épuisement d'une ressource non renouvelable comme le pétrole nous promet une catastrophe, c'est annoncer que les écuries Bar et Ferrari en souffriraient beaucoup. Alors que les amish ou les mennonites, en contradiction flagrante avec ce lieu commun moderne, répondraient que nous n'avons aucunement besoin de pétrole, que le cheval suffit amplement et que nous devrions calmer nos grandes industries de l'éphémère et prendre le temps de vivre un peu moins pressés. D'autres encore diraient qu'il est fou de perdre sa vie à la gagner et que de toujours travailler avec ferveur et beaucoup trop fort est justement le pire des gaspillages.

La discussion reste ouverte. Pour un chef d'entreprise, le gaspillage, c'est l'enfer. Certains jeunes disent que c'est plutôt le travail scolaire qui représente une perte de temps et un enfer. Pour les anciens, rien de tout cela n'est un enfer et, au contraire, c'est l'enfer qui constitue un véritable gaspillage. Mais de nos jours, l'enfer n'est presque plus crédible. Allez donc savoir où est le gaspillage.

SERGE BOUCHARD

Ceux et celles qui ont connu la Crise, la grande, celle de 1929, ne nous l'ont pas envoyé dire : nul ne gaspille plus jamais après avoir connu une fois, une seule, la vraie pénurie. Notre génération aura entendu des millions de fois ces phrases moralisatrices relatives à la valeur des choses. Tout peut servir de reste, tout se recycle, il ne faut rien jeter. Chaque chose est précieuse et devrait être appréciée à sa juste mesure.

Mais les témoins de cette grande affaire, les témoins directs de la Crise, meurent un à un, naturellement. Quand ils seront tous partis, qu'adviendra-t-il de leur message ? Je crois qu'il survivra. Il survivra d'autant mieux que personne ne l'a vraiment entendu ni ne s'en est jamais servi. N'ayant pas été entendu autrement que comme un radotage de vieilles, n'ayant servi à rien d'utile, il se conservera intact, pour l'avenir, pour le cas de la prochaine grande crise qui viendra bien un jour.

Mais la civilisation occidentale est optimiste et amnésique. Pour elle, la Crise est chose du passé. Nous ne manquerons plus jamais de rien puisque nous disposons de tout. Nous gaspillons notre énergie en sachant que nous sommes quasiment éternels. Dans ce registre, nous gaspillons surtout nos souvenirs. Nous gaspillons la juste peur des vieux. Car, pour réussir ce tour de force qui consiste à ne penser à rien, à n'avoir peur de rien, il suffit de faire confiance à la philosophie de l'actualité, il suffit de noircir le passé et d'embellir le présent. Les gens d'autrefois étaient plus petits, ils mouraient jeunes, ils ne connaissaient rien, ils vivaient sans plaisir et privés de tout, prisonniers de leurs tristes destins. Disqualifions la valeur de l'expérience humaine en glorifiant l'assurance du progrès.

Qui prêtera l'oreille aux avertissements des témoins de l'histoire? Qui donnera crédit aux vieux et aux vieilles qui ont connu des crises? Un jour, tout pourrait manquer, l'eau, l'air et la lumière, l'amour, le manger, la mémoire, même la charité.

BERNARD ARCAND

N'ayez crainte, je n'ai aucune intention de vous raconter ma vie. J'aimerais seulement vous confier que j'ai connu une enfance plutôt solide côté enseignement moral. Mes parents n'étaient pas des fanatiques et ne faisaient pas d'équitation avec les principes, mais ils insistaient pour inculquer à leurs enfants certaines valeurs qu'ils tenaient pour fondamentales. À titre d'exemple, il leur semblait primordial de faire comprendre aux jeunes l'importance de bien manger et de vider son assiette, comme il se doit. Chez nous, on mangeait copieusement mais surtout, on mangeait complètement. C'était à une époque antique, quand le gros et le repu n'avaient pas encore été déclarés malsains ou malséants.

La phrase classique pour encourager l'enfant à bien manger en ne laissant rien dans son assiette, mes parents l'avaient empruntée à une génération de grands moralisateurs et les gens de mon âge la connaissent bien, car ils ont tous entendu leurs parents les encourager à vider leur assiette en invoquant « tous ces enfants qui, ailleurs dans le monde, n'ont pas suffisamment à se mettre sous la dent ». Selon les dispositions familiales particulières, ces affamés exotiques de référence étaient Chinois ou Africains, pauvres ou Tibétains. Mais l'intention demeurait la même : face à la misère du monde, il serait honteux de gaspiller et donc, finis ton assiette !

Je crois avoir sincèrement essayé de faire de mon mieux pour bien manger et faire plaisir à mes parents, mais je dois avouer n'avoir jamais vraiment saisi cette leçon de principe. Comment pouvais-je, moi, en mangeant davantage, changer quoi que ce soit au problème de la faim dans le monde ? Dans ma naïveté infantile, il me semblait que, au contraire, si l'on souhaitait aider les enfants affamés, il serait certainement préférable de leur réserver cette portion de nourriture dont je ne voulais plus et de la leur faire parvenir. Si mon assiette était trop pleine ou, du moins, si je ne voulais plus manger, pourquoi ne pas partager avec ceux qui avaient plus faim que moi ? Ce que mes parents recommandaient, à mon sens, c'est-à-dire manger encore et toujours davantage tout en pensant aux enfants d'ailleurs qui vivent affamés, était une façon extrêmement cruelle d'ajouter l'insulte cynique à la misère humaine.

Ce n'était pas du tout là l'intention de mes parents, mais plusieurs années plus tard, j'ai enfin compris mon bonheur d'être né dans une partie du monde qui n'est pas particulièrement portée sur le partage. Reste qu'il faut apprendre à étouffer sa conscience. Et en gaspillant peu, on se sent déjà moins coupable.

Bien sûr, la situation actuelle n'est plus tout à fait la même. L'ère du gavage des enfants semble terminée et plusieurs parents ont adopté une alimentation plus saine, l'idéal de la minceur et de la forme physique. En même temps, nous avons adopté (parfois pour remplacer les enfants) une multitude d'animaux domestiques à qui sont consacrés, en Amérique du Nord, quatre milliards de plus que la somme qui, dit-on, suffirait à résoudre le problème de la faim dans le monde. Nous sommes ainsi devenus plus délicats et subtils. Aucun enfant ne se fait dire, aujourd'hui, de nourrir le chien en pensant aux petits Chinois qui meurent de faim. Le principe demeure, mais la conscience n'a jamais été aussi tranquille : personne n'oserait envoyer en Tchéchénie des caisses de viande à chien.

SERGE BOUCHARD

Le cosmos est un lieu de combustion et l'Univers est en perdition. Tout n'est que gaspillage et pollution, cannibalisme et collision. Il y a quelque chose de très obscur dans cette affaire, car nul n'a jamais découvert ce que l'Univers recroquevillé avait à l'esprit quand il a explosé jadis pour s'éparpiller dans le vide absolu d'un cosmos à meubler. Avouons que l'imagination est mise à rude épreuve quand elle doit concevoir que ces milliards de galaxies proviennent d'un objet gros comme une balle de baseball. Qui donc a mis le feu aux poudres ? D'où venait ce truc et pourquoi ne s'est-il pas éternisé dans sa condition de balle aussi lourde qu'inerte ? Cela, personne ne le sait. Néanmoins, la force de l'explosion fut telle que douze milliards d'années plus tard nous en parlons toujours. La poussière n'est pas encore retombée. Nous devons à ce déclenchement original la totalité d'un espace inimaginable et la longueur du temps passé.

Les études tendent à démontrer que l'Univers est une perte de temps et un gaspillage d'énergie. Laissée à elle-même, la matière aurait tendance à faire des folies. Si un jour la Lune décidait de tomber sur la Terre, elle ne nous ferait pas parvenir au préalable une étude d'impacts. La nature est cruelle envers elle-même, elle l'est des milliards de fois plus que nous ne pourrions jamais l'envisager s'il nous prenait envie de la détruire. Si la nature est si dure envers elle-même, c'est que bien sûr elle ne sait rien. Elle ne s'émeut de rien.

Cependant, n'arrive-t-il pas à la nature de réfléchir ? Ne sommes-nous pas les incroyables manifestations de cette réflexion ? Oui, à ce que l'on sache, la nature réfléchit à travers nous. Nous sommes donc très importants. Il se pourrait ainsi que la conscience soit une sorte d'antimatière. Et que nous soyons en quelque sorte son garde-fou. La Terre, par exemple, en se réfléchissant au travers de nos cerveaux brillants, a pris conscience de sa beauté et de sa fragilité. Voilà que comme nous elle ne veut pas mourir ni disparaître, choses auxquelles elle n'avait jamais attaché d'importance. Avant la pensée humaine, la Terre ignorait qu'elle était bleue, qu'elle était pure, qu'elle était riche, qu'elle était belle.

Il ne fallait pas lui dire qu'elle était pure si nous pensions à la déflorer. Il ne fallait pas lui dire qu'elle était riche si nous pensions à l'appauvrir. Il ne fallait pas lui dire qu'elle était belle quand notre idée était de la défigurer. Puis qu'elle était bleue quand nous projetions de tout noircir.

BERNARD ARCAND

Les ressources ne sont jamais naturelles. Hormis peut-être l'eau et l'air, tout le reste est largement inventé et ce que nous appelons communément « ressources naturelles », ce sont en fait des créations humaines ponctuelles et souvent passagères.

Les Vikings ont longtemps navigué sur la mer du Nord sans en extraire le gaz qui aujourd'hui enrichit leurs arrière-petits-enfants. À l'époque du Roi-Soleil, les autorités faisaient planter des arbres dans le but avoué d'assurer à la France une flotte plus redoutable que celle de la perfide Albion sans se douter que, rendus à maturité, ces arbres apprendraient qu'ils ne pourraient pas grand-chose contre les coques dures des navires en acier. Le pétrole demeure un liquide visqueux et dégoûtant pour tous ceux qui ne sont pas encore dépendants de l'automobile et du plastique. On peut vivre en banlieue et faire pousser des centaines de fleurs et de plantes comestibles que nous déclarons pourtant impropres à la consommation. Avant 1858, les habitants de Lourdes n'auraient jamais imaginé que la Vierge apparaîtrait bientôt et que leur petite ville y trouverait la ressource nécessaire pour devenir un haut lieu de pèlerinage et un attrait touristique remarquablement rentable.

Les ressources ne sont jamais naturelles. Même l'air et l'eau, apparemment les plus naturelles de nos ressources, ne sont peut-être pas si naturelles. Du moins, pas pour très longtemps. Car avec les progrès de la médecine, nous avons pris conscience du fait que l'eau naturelle peut être porteuse de maladies maudites et ne sert pas tellement à prévenir la carie dentaire, tandis que l'air ambiant est souvent plein de fumée nocive pour les poumons, ou que l'air naturel est simplement trop chaud ou trop froid. Déjà, on sait qu'il est généralement préférable de filtrer l'eau et de traiter l'air. Entre la nature et nous, mieux vaut intervenir, modifier et filtrer.

Une société qui a déjà réussi à couvrir les bruits de la nature en utilisant des écouteurs qui permettent de s'enfermer dans un univers sonore parfaitement artificiel et contrôlé devrait pouvoir inventer le masque de l'avenir, le protecteur personnel pour enfin nous débarrasser des odeurs et de tout le goût du monde.

SERGE BOUCHARD

Le gaspillage, c'est le détournement de son destin. Elle existera toujours, cette perte irréparable de ce qui aurait pu être, le talent gaspillé, la beauté disparue, la fortune envolée, l'énergie consommée pour rien. Dans un monde idéal où tout serait à sa place, au maximum de son sens profond, rien ne serait perdu : le poète écrirait des poèmes, l'organisateur organiserait, le patineur patinerait. Mais nous divertissons tout, de la course des rivières jusqu'aux raisons de vivre. Le gros gaspillage vient du fait que nous ne savons plus très bien à quoi servent les choses. Le tournevis est un levier, le marteau une plume, la terre des pieds carrés, les arbres des copeaux et l'écran un bordel universel.

L'autre jour, je rencontrai mon éditeur au centre-ville de Montréal. Je revenais de Windigo par des pistes de neige et ma Honda Accord ressemblait à une boule de sloche. Nous avons parlé de prochains livres, de vente et de contrats, d'argent comme il se doit, conversation courante dans le monde des lettres.

Mon éditeur arrivait de Paris et il allait y repartir. À la fin de notre dîner, il remonta dans son Dodge Durango « *full equipped* », comme on dit. Mon éditeur possède un véhicule on ne peut plus convenable pour traverser les grands déserts de l'Australie. Mais il s'en sert pour se déplacer dans les centres-villes de sa vie. Ces pneus ne s'useront jamais. Ce camion sera toujours propre. Son téléphone mains libres n'appellera jamais au secours. Ses banquettes chauffantes ne réchaufferont jamais un fessier authentiquement congelé. Sa traction assistée ne sera pas mise aux épreuves de janvier. Sa suspension renforcée rouillera dans sa parfaite inutilité. Quel gaspillage ! Mais qu'à cela ne tienne.

Et moi de repartir dans ma boule de sloche, en direction de Cabonga, au volant de mon urbaine Honda.

Il est des mises au point qui se perdent.

BERNARD ARCAND

La lutte contre le gaspillage promet d'être longue et difficile, parce que le mauvais exemple nous est d'abord venu du Très-Haut. Est-il nécessaire de rappeler que Yahweh, Dieu le Père, n'était pas très satisfait de la tournure des événements et en particulier de l'évolution des mœurs populaires à Sodome et Gomorrhe et qu'il n'a pas hésité un seul instant à détruire les deux villes de façon soudaine, brutale et assez barbare ; je dis brutale et assez barbare parce que ça ne doit pas être très bon pour la santé que de recevoir sur la tête, comme dit le texte sacré, « du soufre et du feu venu du ciel ». Il y eut de nombreux morts et des pertes matérielles considérables. Mais la colère divine n'a pas été retenue par l'histoire comme un exemple de gaspillage. Car le terme ne s'applique qu'à la perte de ce qui nous semble particulièrement rare et précieux. Au contraire, les comportements un peu déviants et néanmoins amusants des habitants de Sodome et Gomorrhe lui semblaient absolument condamnables. Il faut ajouter cependant, sans sacrilège, que si Dieu voulait punir les impies déviants qui refusaient d'obéir à sa loi, il est certain que son intention était de créer un exemple spectaculaire et que la destruction de Sodome et de Gomorrhe devait servir de leçon à quiconque serait tenté de suivre ce mauvais sentier et déciderait de se vautrer dans la débauche. La colère divine n'était pas gaspillage, de la même manière que certains disent encore qu'enfermer des gens en prison n'est pas une dépense inutile. En tout cas, il semble que l'exemple ait porté des fruits puisque, quelques millénaires plus tard, les villes de Sorel, Baie-Comeau et Val-Bélair hésitent encore avant de se transformer en Sodome et Gomorrhe des temps modernes.

Cette triste histoire de la destruction violente de deux villes demeure cependant beaucoup moins dramatique que le gaspillage étonnant dont Dieu fut directement responsable quelques années auparavant quand, sans doute victime d'une profonde dépression, il arriva à la conclusion que sa création était mauvaise et regrettable. Je le cite : « J'exterminerai de dessus la terre l'homme que j'ai créé, depuis l'homme jusqu'aux animaux domestiques, aux reptiles et aux oiseaux du ciel, car je me repens de les avoir faits » (Gn 6, 7). En d'autres termes : après moi, le déluge ! Catastrophe écologique à une échelle qui réduit à une taille ridicule El Niño et la fin du jurassique, le déluge entraîna rien de moins que la destruction de toute vie sur terre (notons en passant que Dieu n'avait apparemment rien du tout à reprocher aux poissons ; ce qui cache peut-être une grande leçon de morale).

Imaginez un peu la scène : le Tout-Puissant se rend compte qu'il a perdu son temps en créant le monde. Six jours d'ouvrage gaspillés ! Imaginez son infinie déprime. Tant d'imagination, tant de beauté et de talent gaspillés. Tout est à recommencer. Son monde créé inutilement, comme dans un excès de toute-puissance mal contrôlée. Et puis non, il refuse de perdre espoir et découvre un homme juste et honnête, un seul, Noé, l'ivrogne qui avec sa famille et un couple de chaque espèce animale permettra de relancer le monde sur une base meilleure. Ainsi, les nombreux lecteurs de la Bible seront convaincus qu'on ne peut accuser le Tout-Puissant de gaspillage. Malgré tous les indices contraires, on répétera sans hésiter qu'il était juste et bon que Dieu sacrifie l'humanité entière et pratiquement toute forme de vie sur la terre sèche.

La leçon venue du Très-Haut est relativement simple : même le gaspillage le plus grandiose de l'histoire de l'humanité ne constitue pas vraiment un gaspillage si on peut lui trouver une justification. Une explication crédible excuse tout, même le Déluge. On voit bien que le Tout-Puissant peut tout se permettre. Il ne sera jamais trouvé coupable puisqu'il trouvera forcément une excellente raison au fond de son infinie sagesse ; et si un jour cette raison nous échappe, on racontera alors qu'il s'agit d'un mystère. Plus modestement, et plus près de nous, les citoyens ordinaires comprennent qu'il faut être président pour gaspiller des pays étrangers ; ministre pour massacrer inconsciemment une forêt entière ; maire pour ruiner allégrement l'architecture d'une ville ; parent pour gaspiller impunément l'avenir d'un enfant. Comme disait André Ruellan, « il faut bien vendre la peau de l'ours pour avoir une raison de le tuer ».

SERGE BOUCHARD

Je doute que nous puissions un jour gaspiller la mer. Nous pouvons la vider de ses baleines, comme les Japonais le proposent. Nous pouvons la vider de ses morues, comme nous avons eu la patience de le faire depuis cinq cents ans. Mais nous ne pourrons pas la vider elle, cela tombe sous le sens. La mer est notre Waterloo. Elle est conservatrice par nature. L'eau a fait la terre comme nous la connaissons, elle fait la vie, l'oxygène et tout ce qui s'ensuit. Devant l'océan, faisons un acte d'humilité. Il n'est pas de saloperies humaines pour ébranler un océan. Car cette immensité liquide nous rappelle l'essentiel : nous aurons beau tout prendre, tout consommer et tout détruire, l'eau aura la patience de tout reconstruire après que nous nous serons collectivement suicidés par manque de lucidité. Notre disparition n'impressionnera jamais la mer. La mort d'un humain ne lui fait ni chaud ni froid. Même qu'elle aime les grands naufrages, allant jusqu'à les provoquer. L'Atlantique ne se souvient pas du *Titanic*. Je crois parfois que l'océan est notre ennemi, certaines de ses vagues sont assez agressives. Un million d'années après la disparition de notre espèce, la mer aura refait le ménage. C'est la grande récupératrice, une prodigue capable des pires dégâts mais qui ne gaspille jamais rien. Car gaspiller est un phénomène éminemment humain mettant en cause notre seul destin. Nous pouvons venir à bout de nous mais, en tant qu'espèce mortelle, nous n'emporterons pas la mer dans notre tombe.

*   *   *

Que n'a-t-on raconté au sujet de la forêt canadienne ? Inépuisable, disait-on. Le pays était si grand que jamais nous n'aurions pu envisager d'en abattre tous les arbres. Et pourtant, voyez comme nous passons le millénaire. Le pays s'est immensément rapetissé, il a perdu de sa grandeur. Plus les machines sont grosses et plus l'homme est petit. Les opérateurs sont des nains pareils à des fourmis dont les pinces d'acier ne se fatiguent ni ne s'émoussent. L'efficacité de la technique est effarante. L'armée coupe de jour, l'armée coupe de nuit. Elle avance dans les grands froids comme dans les grandes chaleurs. Les remorques sont devenues des cages immenses et les tracteurs ne seront jamais assez gros. Sous le ciel étoilé, les moulins illuminés ont des appétits démesurés et les montagnes de bois qui se dressent tout autour ne suffisent jamais à calmer leur ardeur. Le cours du bois est bon, les cours à bois sont pleines. Cela s'appelle de l'économie régionale, il faut payer les camions, les bungalows, les actionnaires. Dans les circonstances, il nous faut accorder une confiance quasiment aveugle aux exploitants. Voilà que l'on suppute, voilà que l'on calcule. Restera-t-il du bois debout dans cinquante ans ? Sûrement, mais à quoi ressemblera-t-il, ce nouveau bois du nouvel âge ? Car le visage de la forêt change, nous ne voyons pas les paysages que nos ancêtres ont véritablement contemplés. La forêt vierge laurentienne a comme perdu plusieurs fois sa virginité. On ne saura plus bientôt jusqu'où une belle épinette blanche peut aller dans l'échelle de la longévité puisque les arbres ne meurent pour ainsi dire jamais de leur belle mort. Le pays rapetisse, mais les arbres aussi. On reboise, on nettoie, on gère, on récolte. On corrige la nature. La forêt reçoit une bonne correction. On ne saura plus bientôt à quoi ressemble une épinette noire, car la forêt boréale n'aura jamais le cœur de recommencer à pousser. Quand tu mets cent vingt-cinq ans à devenir maigre et petit dans une terre où toutes les choses ont des allures d'éternité, la tentation est grande de disparaître pour de bon. L'épinette noire, que les autres arbres honorent pour sa résilience et son ancienneté, pour son honneur et son humilité, résiste mal à la modernité. Elle n'est pas dans le cercle de l'actuelle productivité. Nous effaçons des paysages paléolithiques uniques au monde pour en faire des copeaux. La taïga est un musée où s'expose le temps. Nous prenons ces tableaux inestimables pour en faire des panneaux et des murs.

Se pourrait-il que nous exagérions ? Nous bousculons des rêves, des gnomes et des esprits, nous effaçons des lignes uniques à l'horizon, nous transformons l'atmosphère des lieux, nous sommes un peu obsessifs. La matière ligneuse de l'un est l'arbre tutélaire de l'autre. Sommes-nous en train de dilapider un trésor plus fragile que nous l'avions cru ? S'il fallait que l'assurance de notre génie forestier s'avère une illusion coûteuse, s'il fallait devoir nous expliquer à nous-mêmes, dans un futur proche, comment nous n'avons pas vu venir le danger et comment, en un siècle, nous avons rasé pour toujours ce qui pour être s'était donné un sol d'éternité.

J'entends d'ici ce sermon de la montagne nue du futur : pardonnons-nous car nous ne savions pas ce que nous faisions.

Dans mes nombreux voyages routiers, je ne vois que cela depuis quelques années : des convois d'arbres morts qui défilent entre deux rangées d'arbres vivants et angoissés. Les camions de bois sont les corbillards des arbres. De grands pans de terre sont aujourd'hui en deuil. Les fleurs de la repousse sont franchement mortuaires.

BERNARD ARCAND

En quoi nous, les humains, sommes-nous distincts des animaux ? Quelques grands traités de philosophie et de psychologie fondamentales ont été consacrés à cette question. Certains ont répondu que la différence significative venait de la parole, de la communication, du rire, du suicide, de la conscience d'un avenir ou encore de quelques autres talents typiquement humains. À cette liste de ce qui fait de nous des êtres uniques, il faudrait ajouter le gaspillage.

Se peut-il que certains animaux gaspillent ? Des écureuils qui amasseraient plus de noix que ce qu'ils sont capables de manger en hiver ? Des lions qui en laisseraient pour les charognards et les vautours ? Des colibris qui battraient de l'aile juste un petit peu trop vite ? Un paresseux qui perdrait vraiment la majeure partie de son temps ? Des milliards de mouches qui se déplaceraient tout à fait inutilement ? Des chats qui tueraient des oiseaux sans les manger ? Des chevreuils qui boufferaient les jeunes pousses et les empêcheraient de grandir ? Des pandas qui exploiteraient le bambou excessivement ? Des caribous qui se reproduiraient tellement que le lichen ne pourrait plus suivre le rythme ?

Voilà autant de projets de recherches pour jeunes amateurs des sciences de la nature. Quels que soient leurs résultats, la différence demeurera considérable : le gaspillage humain se situe sur une tout autre échelle. On a beau admettre que les animaux communiquent entre eux, aucune autre espèce que l'humaine n'a organisé l'équivalent du placotage chez le dépanneur pour jaser de météo, de taxes ou de sport. Les singes ont beau rire de bon cœur, ils n'en ont quand même pas fait une industrie de plusieurs millions de dollars. Or c'est la même chose pour le gaspillage : il n'y a aucune commune mesure entre les quelques excès apparents de certains animaux et la capacité quasi illimitée de l'être humain pour détruire les ressources de la planète.

Pis encore, en affirmant cela, il faut conserver un ton poli et modéré, parce que l'être humain en est très fier. Sa capacité de gaspiller les ressources constitue une preuve éclatante de sa puissance. C'est justement ce qui transforme toute inquiétude face à l'avenir en insulte, comme s'il s'agissait d'un manque injustifiable de confiance en soi. Les humains aiment croire qu'il leur sera toujours possible de trouver autre chose, de nouvelles solutions. Au siècle dernier, les villes devaient étouffer sous le crottin de cheval. Cent ans plus tard, elles étouffent dans le monoxyde de carbone. Dans cent ans, ce sera pire encore. Rien n'y fait, nous saurons découvrir les solutions à ces nouveaux défis.

On arrive ainsi à mettre le doigt sur l'une des grandes distinctions fondamentales entre l'humain et l'animal. Plus important que l'intelligence, la parole, le rire et la conscience, c'est le fait que l'être humain se pense bon. Et l'on dira plus tard que c'était justement ce qui le rendait si dangereux.

SERGE BOUCHARD

Dans les villages autrefois, peut-être même dans les paroisses de quartier, les femmes avaient le sens de l'humour. Quand un beau jeune vicaire transportait ses pénates au presbytère, les femmes de dire entre elles : « Quel gaspillage ! ». C'en était un pour sûr, considérant que les beaux hommes sont rares dans l'œil très exigeant des femmes. Les ordres ravissaient ainsi des spécimens précieux dont plusieurs dames auraient apprécié l'usage.

Remarquons que tout est dans la valeur que l'on attache aux choses. Ce qui est gaspillé pour les uns fait souvent le bonheur des autres. Il s'est sûrement trouvé des moines pour dire, à la vue d'un beau guerrier ou d'un bel homme marié : « Quel gaspillage en vérité ! ».

Comme s'il y avait une écologie des acoquinages.

BERNARD ARCAND

Une vieille histoire.

Un pêcheur mexicain se reposait à l'ombre d'un gros palmier près de la plage. Un touriste américain passant par là engage la conversation. Le pêcheur lui raconte qu'il sort en mer le matin, attrape normalement quatre ou cinq poissons, de quoi nourrir sa famille, puis passe le reste de la journée à se reposer à l'ombre, près de la plage. L'Américain lui explique qu'en faisant un effort supplémentaire et en pêchant une dizaine de poissons chaque jour, il pourrait vendre son surplus, acheter un moteur, engager du personnel, produire davantage, acheter un plus gros bateau, construire une petite usine de transformation, faire des profits et posséder une flotte de pêche pour finalement se retirer et laisser les autres faire tout le travail à sa place. « Pour quoi faire ? » demande le Mexicain. « Eh bien, répond l'Américain, vous pourriez alors vous reposer à l'ombre, près de la plage, toute la journée ! »

SERGE BOUCHARD

L'être humain n'est pas économe de lui-même. Il suffit de s'en éloigner un peu pour s'en apercevoir. Quand je roule la nuit sur les routes du Québec endormi, entre Gaspé et Rimouski, entre Matagami et Ville-Marie, mon autoradio capte des ondes de partout. On dirait que la noirceur abolit les frontières et que ces heures portent aux confidences à distance. Je reçois les postes de l'Alabama, du Montana, de Miami. Dès lors, je connais les opinions du démagogue qui tient le micro en Idaho, du psy qui parle à New York, j'entends des citoyens insomniaques de Baltimore se plaindre des injustices de la vie. Toutes les parties de basket sont décrites, les résultats sportifs de tous les États et de toutes les provinces sont répétés à la demi-heure, la météo n'est pas en reste, la rubrique des chiens écrasés s'alimente à une source intarissable. Plus il fait nuit, plus l'être parle au vide.

Puis vient le jour. Se présentent au micro les paroliers locaux de la journée. La boucle est alors bouclée. Notre moisson de bruit est assurée.

Homo sapiens gaspille sa salive. Ce faisant, il gaspille deux trésors : la grande beauté de sa parole et le silence sacré de la nature.

Cette rumeur perdue répond à notre angoisse. Certaines nuits particulièrement profondes sur des routes particulièrement noires, je suis incapable de fermer ma radio.

* * *

Le débrouillard ne gaspille pas. Il bricole, il relie tout à tout. Son esprit est actif, sa pensée est vivante, associative, créative, sauvage, dirait Claude Lévi-Strauss. Nous devrions avoir plus de respect pour les gens qui voient dans les vidanges du monde autre chose que des vidanges. Eux savent que plus nous jetons nos choux gras, plus nous faisons chou blanc. Oui, nous gaspillons nos munitions à qui mieux mieux sans même viser un objectif. Dans la société d'autrefois, le guénillou ramassait tout ce que la société laissait tomber. Il avait un plan dans la tête, il tirait des plans à partir de l'hétéroclite. Mais aujourd'hui les miettes sont devenues des gros morceaux. Les guénillous ont disparu au moment même où leur âge d'or s'annonçait. Ils ont été remplacés par les bacs verts et l'industrie du recyclage.

On mesure le confort d'une société à l'intensité de son gaspillage. Plus nous sommes riches et plus il y a de dépotoirs. Le méga-incinérateur nucléaire s'annonce au détour du chemin. Nous sommes de moins en moins réparateurs, de moins en moins conservateurs. La durabilité n'est pas notre fort. L'attachement aux objets non plus. L'idée d'un lendemain nous est bien étrangère. Nous n'avons aucun plan de conservation, nous n'en n'avons qu'un de retraite. La politique de la retraite est fort connue. C'est la politique de la terre brûlée.

BERNARD ARCAND

Le jour où je serai enfin nommé chef d'un bon gouvernement, mon bon gouvernement se préoccupera assez peu du gaspillage. Comme il se doit, mon cabinet connaîtra la nervosité coutumière à la veille du dépôt du rapport annuel du vérificateur général. Évidemment, comme chef, je m'inquiéterai un peu du mauvais exemple donné par mes ministres successifs du Développement des ressources humaines. Mais en gros, je laisserai passer les crises et ne ferai pas grand-chose pour lutter contre le gaspillage. Essentiellement, par crainte des représailles. Car si mon gouvernement luttait contre le gaspillage, le taux de chômage connaîtrait une hausse subite et prononcée, laquelle se refléterait inévitablement dans les sondages, ce qui n'est jamais bon pour un bon gouvernement.

Si l'on réussissait un jour, par loi ou par décret, à interdire totalement le gaspillage, il deviendrait beaucoup plus difficile, en effet, de justifier par exemple la commande par un sous-ministre adjoint d'un rapport sectoriel sur la réforme des priorités du transport routier dans la grande région de Trois-Rivières, commande qui peut facilement se traduire par sept mois de travail, dix-sept réunions, deux cent quatre-vingt-six pages d'un rapport officiel concluant sur un ton réservé et prudent que la circulation routière serait probablement rendue plus facile s'il y avait moins d'automobiles dans la région, moins de camions, plus d'autoroutes, un meilleur usage des transports en commun, et si les gens ne voyageaient pas tous en même temps juste avant neuf heures et juste après cinq heures ou s'ils décidaient tous ensemble qu'il serait désormais préférable de travailler à la maison ou simplement de rester couchés. Avec, en fin de rapport, une note soulignant l'importance d'assurer un suivi à cette étude.

Sans gaspillage, un gouvernement pourrait difficilement tenir des commissions parlementaires nationales sur la clarté, sur l'obscurité, sur la luminosité ou sur l'urgence de dire que l'on est opposé à la violence faite aux enfants, d'accord avec la politique extérieure des États-Unis et d'accord aussi pour lutter contre la littérature haineuse ou trop sexy. Sans gaspillage, il faudrait se creuser les méninges et inventer des moyens de recycler utilement les membres du Sénat. Que faire des dizaines de personnes qui gagnent leur vie en prenant soin des petits-déjeuners de madame le Gouverneur général ? Sans compter ceux et celles qui jouent de la trompette lors de la revue des troupes par la même dame ni les vendeurs de Brasso qui fait briller les boutons des officiers. La liste des exemples n'a pas de fin. S'il fallait abolir le gaspillage, on ne pourrait plus justifier le travail de ce vice-recteur qui met sur pied un comité spécial d'aide à la pédagogie universitaire pour aboutir, quatorze mois plus tard, à la conclusion brillante que si les professeurs étaient meilleurs, les cours seraient probablement plus intéressants.

N'ayez crainte, ce n'est pas demain que l'on abolira le gaspillage. Les coupables peuvent dormir tranquilles, nos gouvernements ne réussiront jamais un tel exploit. Parce que le contrôle gouvernemental du gaspillage se transformerait en véritable cauchemar. Incapables de légiférer avec précision sur la définition de ce qui constitue un gaspillage, nos dirigeants feraient sans doute confiance à leur démarche habituelle et opteraient pour la création de commissions, de bureaux, d'offices et de régies. En quelques mois seulement, des milliers de fonctionnaires consciencieux se verraient confier la tâche de déterminer le point à partir duquel la consommation de l'eau est excessive, le seuil au-delà duquel l'exploitation de la forêt boréale devient un massacre, les normes fixant les limites de la rareté du suceur argenté et de la gélinotte huppée, le chiffre précis indiquant le début des profits déraisonnables. On verrait alors apparaître un interminable train de mesures visant une meilleure gestion des ressources. L'expérience du passé enseigne que l'approche est vouée à l'échec. Car il se trouvera toujours des citoyens pour protester contre la multiplication des règlements et des fonctionnaires : tout ça coûte cher, diront-ils, et constitue un véritable gaspillage. Rendu à ce point, même un gouvernement aussi bon que le mien risquerait beaucoup trop à la veille d'une prochaine élection.

SERGE BOUCHARD

Il y a deux sortes de pertes. La première s'appelle « perdre » ; elle est légitime en ce qu'elle implique une défaite et il n'est point de déshonneur à perdre quand on accepte de jouer. Sur le champ de bataille, perdre cinquante mille hommes tombe sous le sens de la victoire recherchée. Gaspiller cinquante mille vies, c'est déjà autre chose. Le gaspillage, c'est la pure perte. Mais la pire perte, car il en est une troisième, notre langue la traduit bien : plus que le gaspillage, c'est le « gaspil ». « C'est du gaspil » est une proposition définitive qui condamne sans retour. Vous verrez qu'en politique on peut « mettre fin au gaspillage » en faisant du ménage, c'est-à-dire en mettant de l'ordre dans les affaires. Le gaspillage ouvre au moins la porte aux promesses de réparation. Mais le gaspil, lui, est proprement une faute mortelle.

Invitez huit penseurs à la télévision pour débattre des vices et des vertus de la Révolution française pendant une heure. Mais avant de vraiment leur donner la parole, passez vos quatre blocs commerciaux de trois minutes chacun, faites quatre petits « vox pop » d'une minute, préparez quatre chroniques historiques pour introduire les sujets, ouvrez l'émission, fermez l'émission et vous verrez que chaque penseur aura pour lui-même vingt-quatre secondes de temps d'antenne. Dans nos médias, la pensée c'est du vrai « gaspil ».

*   *   *

Nous naissons avec une vie en réserve, une vie que le temps nous fera dépenser. Inventaire et vie sont deux mots qui vont d'ailleurs très bien ensemble. Chacun son lot. Nous vivons jusqu'à l'épuisement des stocks.

BERNARD ARCAND

Voici une autre façon de définir le gaspillage, celle qui pourrait convenir auprès des enfants.

La famille des humains, qui se disait parfois en anglais « *The Family of Man* », vivait sur un beau terrain en banlieue. Leur voisine, Dame Nature, était généreuse et les humains empruntaient chez elle toutes sortes de choses qu'ils appelaient « ressources naturelles » (du nom de la voisine) et dont ils aimaient bien profiter, en les mangeant ou en s'en servant pour tout ce que les humains aiment faire dans la vie. Mais certains membres de la famille des humains n'étaient pas très gentils et se servaient

mal de ce qu'offrait leur voisine. Ils grignotaient un peu, ils utilisaient un moment les ressources, puis ils les transformaient en
déchets qu'ils avaient ensuite l'audace de relancer, par-dessus la
clôture, dans le jardin de Dame Nature. Plutôt que de recycler,
ils transformaient en déchets les cadeaux de la voisine. Ils
étaient vraiment méchants. Leur comportement était insultant
et l'on raconte que Dame Nature, de nature très patiente, com-
mença à se fâcher.

Pour l'instant, il n'y a ni dénouement ni fin à cette histoire.
On verra demain. Bonsoir, bonne nuit, faites de beaux rêves.

TABLE DES MATIÈRES

MISE EN PAGES ET TYPOGRAPHIE :
LES ÉDITIONS DU BORÉAL

ACHEVÉ D'IMPRIMER EN MARS 2001
SUR LES PRESSES DE L'IMPRIMERIE AGMV MARQUIS
À CAP-SAINT-IGNACE (QUÉBEC).